JN007516

デジタル未来に どう 変わるか？

ＡＩと共存する個人と組織

In the digital future How will it change?

野村総合研究所

上田 恵陶奈 著

岸 浩稔
光谷 好貴
小野寺 萌 著

日経BP

じ、仮説を構築しては検証して修正するプロセスを繰り返して実践的な記述を実現した。研究チームは、米国のIT企業、欧州の製造業、グローバル展開する日本企業をケーススタディーし、ワークショップやディスカッションを重ねてきた。日本の労働慣習であるメンバーシップ型組織の特徴も踏まえて分析しており、海外と日本は違う、といった違和感は防がれていると自負する。他方で、グローバルの潮流や海外の学説とも整合しているため、ガラパゴス化する恐れもない。

　本書のゴールは、知識を習得し、筆者らの主張に納得してもらうことではない。読者が自分ないし自分の組織を変革するための方法論を選び取ることをゴールとしている。AIで人間が大量に失業し、データサイエンティスト以外に雇用機会はなく、それなのにIT武装して組織をアジャイルにすれば生き残れる、こうしたちぐはぐな迷信に惑わされることなく、自分が希望するより良い未来を、自分たちの力で実現していく手段を選択する実践的な書である。

本書の構造的特徴
　本書では、多忙な読者が迷わず読み進められるような工夫を施している。この序章では、各章が扱うテーマと議論のフレームワークをまとめている。また、各章の冒頭にも「イントロダクション」を置き、その章の話の流れ、前の章とのつながり、章の中で解説しているポイントを要約している。

　各章には、多くの事例やCOLUMN（コラム）をちりばめている。物ごとを抽象的に論じると、いくら筋道を立てて説得的に話を進めても、どこか机上の空論のように読めてしまう。多くの事例を集めたのは、世の中にある実例を示すことで納得感を補強するためだ。COLUMNは、話の本筋からは少しズレていたり、理解していなくても話を進めることができたりするテーマについて、より分厚い知識を持っていただくために配置している。非常に多くの論点が相互に密接に関連しており、そのすべてを理解しようとすると、話が右に左に振れ

ながら進むことになってしまう。それでは分かりにくいため、不可欠な知識や議論は本編に、そうではないものはCOLUMNに配置した。時間に余裕のある読者は、ぜひCOLUMNにも目を通していただきたい。

　ここからは、各章の概要を紹介しよう。

人材に求められるケイパビリティの変化と、組織デザインの変化

　第1章では、デジタルトランスフォーメーションやAIなどの新たな技術の登場に伴う、働く個人に求められるケイパビリティや産業における業務の在り方や組織のデザインの変化といったマクロの動きへの影響をまとめている。

　まず、早くからデジタル関連の新技術を受容し、イノベーションを起こし続けるGoogle社のケースから先進企業で起こり始めている組織の在り方の変化を紹介する。次に、AIを核として世界を席巻する第四次産業革命がIT技術の導入にとどまるものではなく、産業や労働力配置の在り方というマクロの大きな変化と、人々に求められるケイパビリティや業務のありようといったミクロでの激変を一体で引き起こしていくことを論じていく。

　第1章の後段では、AIによる業務の自動化が進むことにより、個人の変化、つまり人材に求められるケイパビリティの変化が、業務の在り方や組織のデザインとも連動してどのように変化するのかを論じていく。第四次産業革命で起こるAIによる業務の自動化は特にホワイトカラーの仕事への影響が大きい。ホワイトカラーの二分類であるジョブ型とロール型のそれぞれについてAI導入に伴う変化を述べたうえで、ブルーカラー、特に製造業における「ファクトリーオートメーション」や「スマートファクトリー」と呼ばれる工場の自動化・高度化の取り組みの中でAI活用の影響や人材に求められるケイパビリティを論じる。

AIを踏まえた未来の仕事のイメージ

　第2章では、マクロな環境変化を踏まえたうえで、これからAIが具体的にどのような分野・領域で技術として導入されていくのか、未来の仕事のイメージを共有する。AIはあくまでアルゴリズムでありデータを基にした情報処理である。得意・不得意があり、あらゆるものごとを解決できる万能ツールではない。従って、予想される未来は、シンギュラリティとして描かれるようなAIが人間をすべて置き換え、さらなるケイパビリティを発揮するような世界ではなく、人間とAIで得意・不得意を補完しつつ強化する共存の世界であるということを論じる。

　AIができることは、「対象の認識」「判定」「シミュレーション」「推奨」の4つであることを示す。次に、人間との共存の姿として、人がこれまで行ってきた業務を、そのままの内容でAIが自動化するRPA（ロボティクス・プロセス・オートメーション）のような「分担」と、AIと人が互いに補完したり働きかけ合ったりしながら業務を進めることでAIが人の能力を「拡張」(オーグメンテーション）するという2つの姿を示す。専門職、サービス業、製造業といった事例を紹介しながら、その概念を伝えていく。

個人と組織に求められること

　第3章では、AIとの共存のイメージをつかんだうえで、人が「拡張」(オーグメンテーション）を実現させていくうえで求められる個人のケイパビリティと、それをイノベーションにつなげるための組織の工夫について論じていく。

　まず、英国オックスフォード大学による、「2030年に必要になるスキルに関する研究」を引用し、AI時代に求められるケイパビリティを紹介する。そのうえで、具体的にある仕事についてどのように能力が発揮されAIとの共存がなされていくかの検討を深めるため、ケイパビリティを、具体的な「機能的スキル」「運用スキル」「コンピテンシー」の3つのグループで捉え、その組み合わせ

によって仕事が遂行されていくという考え方を提示する。重要なことは、業務の内容や個人の得意分野に合わせてスキルやコンピテンシーを組み合わせて業務に対応することが必要であり、「これさえあればよい」という完全無欠なケイパビリティがあるわけではないということ、それらを的確に認識し管理するマネジメントができることが、組織のイノベーションを創出することに必要であると記している。

　強いて求められるケイパビリティを一つ挙げるとすれば、2030年に必要となるスキルの研究でも挙げられる「学び続ける能力」であり、それは、自分自身のケイパビリティを常にアップデートし、常々に必要なケイパビリティを見極め身に付ける努力ができる能力ともいえる。ただし、学ぶ環境が整っていても、主体性をもって学べる層は多くない。ケイパビリティを身に付けることが、価値として分かりやすく示され、それが評価されることで、インセンティブが働く仕掛けが必要であり、人材を抱える組織としては、そうした人材が活躍できるように学びを促し、能力を発揮し、それを評価する環境を用意することが必要になることを論じていく。

AIと共存して働く未来を、実業務に踏み込んで解説
　第4章では、AIがどのように実際の業務の中に組み込まれていくのか、複数のシーンを想定しながら記述している。AIはその業務に内在する自律性の大小によって活用形態が異なっており、「マニュアル化が進み自律性が低い業務」「自律性が高く柔軟な対応が求められる業務」「自律性の高い人材と低い人材が混在する業務」のどれに当たるのかによって大きく異なる。

　自律性が低い場合、自動化可能な業務は積極的にAIに置き換えられていく一方、突発対応や業務改善といった、非定型であったり、創造性が求められたりする業務は引き続き人が担うことになる。自律性が高い場合、多彩なスキルを持った各分野のエキスパートがそれぞれ活躍することになり、AIは彼らが

力を発揮するための土壌づくりとして、アサインメント、進捗管理、状況モニタリング、モチベーション管理といったプロジェクトリーダーのマネジメントを補佐する役割を担うことになろう。現在の日本企業は、自律性の高い人材と低い人材が混在していることが多く、自律性が求められるタスクとそうでないタスクの境界が曖昧となり、AIの活用は体系的というよりは場当たり的になりかねない。

　第4章の最後では、現在は自律性を発揮することが難しい人材に向けて、今後の働き方を提示する。突発性の高い需要に対応する「ギグワーカー」、AIが学習するためのデータを作成する「ゴーストワーカー」、社会生活維持のために重要だがロボット化するほどの投資が行われない業務を担う「エッセンシャルワーカー」の3つがそれに当たる。

読者、および読者の組織が進む道を4パターンで示す

　第4章までにデジタル化の影響分析を論じ、第5章ではデジタル化を推進する方法論を掘り下げる。デジタル化は産業構造や組織および業務に影響を及ぼすため、個人の挑戦だけでは完結しない。そこで、組織がデジタル化に適した形に変わるための道筋について、4パターンの試案を提示している。デジタル化の完成形を一つに決めつけず、組織によって異なる4つの成功パターンを描き出している。このため、「デジタル化を成功させる要因」といったよくあるまとめ方をせず、組織に適したデジタル化のパターンを選択することを意図している。

　4パターンは、デジタル化が既に押し寄せている業界であるのか否か、自律的な組織であるのか否かという2つの判断軸によって4象限に整理される。高い自律性を持った人材が集まってイノベーションを生み出し続けるパターンであれば、多彩な人材が集まることを重視して組織や業務がつくり出されていく。組織力によってディスラプトへの対応策を推進するパターンであれば、ピラ

ミッド型組織を残しつつもデジタル時代に対応したエコシステムを提供できるような業務や組織の在り方を体系的に変革していく。このように、パターンの特徴を出発点に、組織・人材・業務・改革の推進方法について、どのような具体策が取り得るのかを描いた。他社のケーススタディーで成功要因とされている施策について、実際に自社に適しているのかを確認せずに採用しても自社が成功するとは限らない。こうした、ケーススタディーのわなを見極めて失敗を防ぐ方策でもある。

キークエスチョンで実際の行動へとつなげる計画を

　本書の最後は、第5章までに論じた手掛かりを基に、読者自身が最適なデジタル時代の未来図とそれに向けた行動計画を作成するための章である。7つのキークエスチョンに答えていくことで、未来図と行動計画の要素が次第にそろっていく。デジタル化に適した方法論が複数ある中で、適切な方法を選び、実際の行動へとつなげる計画を持つこと、それこそが本書を読み終わったときの到達点である。では、さっそくデジタル時代に向けたナビゲーションを始めよう。

目　次

第3章 AIと共存する人の進化

第4章 AIで業務は変わり続ける

目 次

In the digital future How will it change?

第四次産業革命が
働き手に与えるインパクト

1-1 イントロダクション

　DX（デジタルトランスフォーメーション）では、人材に求められるケイパビリティ※、業務の進め方、テクノロジーの使い方、組織のデザイン、マネジメントの方法論といった"要素"が一体的に変わる。これが本書の核になるメッセージである。第1章では、新しい革新的な技術が登場すると、これらの"要素"が連動して変わっていくというマクロの動きをまとめる。

※「ケイパビリティ」という言葉は聞き慣れないかもしれないが、本書ではたびたび登場する。人が持つ能力全般を指しており、個々の業務を遂行する能力である機能的スキル、複数のスキルを適切に用いる運用スキル、業務に取り組む際の姿勢やマインドセットを含むコンピテンシーといった要素を総称した呼称として用いている（3－3にて詳しく述べる）。

Googleにおける最適化

　まずは、デジタルで成功した代表的な企業の一つであるGoogleの取り組みを紹介する。同社は、デジタル時代に合ったミッションを掲げ、そのミッションを達成できるケイパビリティを持った人材を集めている。多様なバックグラウンドを持った人材が協業しながら活躍できるように、「上下関係」ではなく「信頼関係」を重視したチーム制の組織をつくっている。チームとしての目標管理と、個人への人事評価を分けてマネジメントしている。Googleの例で読み取ってほしいことは、先に示した"要素"がお互いにつながっている、言い換えれば、各施策は単独ではなくセットであることだ（詳しくは1-2で説明）。

過去の産業革命からの学び

　次に、過去に起きた産業革命を振り返ることで、今回の第四次産業革命によって引き起こされる産業全体のうねり（メガトレンド）を理解する視点を持ってもらう。技術革新が起きると、それまでの花形産業での業務プロセスに非連続の変化が生じ、今までできなかった業務ができるようになる。マクロで見れば

産業の栄枯盛衰であり、多くの労働力を吸収する花形産業が交代することもある。

　それぞれの産業において業務の在り方が変わったり、新たな業務が登場したりするということは、働き手に求められるケイパビリティが共通して変わるということである。人類は、既に3回このような産業革命を経験しており、そのたびに労働力の大規模な移動が起き、働き手に求めるケイパビリティの変化を引き起こしてきたという歴史をまとめる（詳しくは1 - 3で説明）。

今起きている第四次産業革命の考察
　過去の産業革命での経験則を踏まえ、今回のAI（人工知能）を核とするデジタル化を、ホワイトカラーとブルーカラーに分けて考察する。

　AIによる高度な自動化によってオフィスではホワイトカラーの需要が減るが、それは単純労働に限った影響ではなく、高度な頭脳労働と思われる業務であっても、業務内容が明確に定まっていれば自動化の影響を受ける。このため、中間管理職の業務についても、ほぼ半減するという推計を示す。一方で、AIは万能ではないため、業務内容が明確に決まっていない場合は自動化が進まず、引き続き人の役割が残る。そして、利用できる情報量が増えることで、人が担うべき業務もまた増加する（詳しくは1 - 4で説明）。

　ブルーカラーでもより一層の自動化が進展し、工場内に残っていた人による現場業務がさらに減少するが、AIは万能でないため人による業務がすべて消滅する事態は起きない。一方で、AIを含むデジタルの使い方を現場仮説として構築するような業務の重要性が増していく潮流を紹介する（詳しくは1 - 5で説明）。

　さらに、このような個人の仕事に起きる変化が、当然のように組織の在り方

にも影響することを指摘する（詳しくは1-6で説明）。

　第四次産業革命によるデジタル化という社会全体の潮流は、働き手にとっては所属する産業の移り変わりを生み出し、人が担う業務が変わることで、求められるケイパビリティや組織も変えていく。我々は今、このような変化の連鎖に直面している状況を理解いただく。これが、第1章のゴールである。

1-2 事例 Google
企業ミッションを実現する仕組み

　米国のIT企業であるGoogleのミッションは、「世界中の情報を整理し、世界中の人がアクセスできて使えるようにする」ことだ。IT企業である同社の特徴の一つは、創業時から、デジタルで仕事を進めることを意識して業務設計や人材配置・採用、業務管理を実施していることである。Googleがこれまでデジタル領域で成功を収めてきた一番の要因は、ミッションを実現できるイノベーション人材を獲得し、ミッションを遂行するために必要な企業文化やマネジメントを仕組みとして整備している点にある。

　では、Googleはどのようにして企業文化や価値観を浸透させることに成功したのだろうか。その象徴が、Googleの創始者であるラリー・ペイジとセルゲイ・ブリンが書いた「創業者からの手紙」だ。この手紙は、株式公開時に作成した目論見書に含めたもので、ビジネス面だけではなく、会社の行動や意思決定の指針を明文化している。創始者の2人は、短期的な利益の最大化や自社株の評価以上に、自分たちのユニークな企業文化をステークホルダーや従業員に示して長期的に共感してもらい、価値観を共有していこうと努めたのである※。

※本書では、「文化」は組織として有するもの、「価値観」は個人が有するものとして言葉を使い分けている。

1-2-1 Googleが求める人材

　Googleが集めているイノベーション人材の特徴を表すキーワードは、(1) スマートクリエーティブ、(2) ラーニングアニマル、(3) 多様なバックグラウンドである。

(1) スマートクリエーティブ

「スマートクリエーティブ」とは、人々が実力を発揮するうえで、所属する組織の文化・職場環境を重視し、デジタル環境にもフレキシブルに対応し、積極的に自らの意見を出し、実行に移していくケイパビリティである。Googleの元CEOエリック・シュミットは、「コラボラティブな環境で、大きな自由度や透明性の下、地位とは無関係に働くことが前提。そのような環境に対応できる人材が必要である」と述べている。

Googleはスマートクリエーティブを持った人材を獲得し、結果として多くの理系エンジニアを擁している。スマートクリエーティブな人材は、ロジカルでエビデンスを重視する価値観を持っている一方で、根性論で頑張るという考えは持っていない。

(2) ラーニングアニマル

「ラーニングアニマル」は、貪欲に学び、学びを別のことに生かし、学びの取捨選択ができる人材を指している。Googleは年齢に関係なく、自分が既に知っている知識や経験にとらわれずに新しいものを学ぶ力を「OS（基礎的なケイパビリティ）」と呼び、OSを備える人材を獲得しようとしている。

(3) 多様なバックグラウンド

Googleは「多様なバックグラウンド」から人材を採用することを重要視している。同社は企業戦略的に多様性のある組織づくりが必要と捉えており、一般的には不利なバックグラウンドを持つ人材であっても、真に優秀な人材を評価するために、入社後の成果・評価は客観的データに基づいて実施する。これにより、Googleは人材評価をする際、性別、人種、肌の色などの影響を排除することに努めている。

1-2-2 Googleが実践する働く環境づくり

　Googleは、新たに参画するスマートクリエーティブやラーニングアニマル候補者に、「Google内にいる優秀な人と一緒に働きたい」と思ってもらうことで、採用基準を高く引き上げている。これは「群れ効果」を生かした取り組みである。

　人材を組織にとどまらせる環境づくりとして、優秀な人材のエンゲージメントを高く保つようなマネジメントの仕組みがある。Googleでの仕事の進め方はチーム制であり、マネージャーがチームの面倒をみる。なお、Googleでのチームの定義は、「メンバーが相互に強く依存しながら特定のプロジェクトを遂行するために、作業内容を計画し、問題を解決し、意思決定を下し、進捗状況を確認する、これら一連の作業を行うために互いを必要とする単位」である。ヒエラルキーの強い企業に見られる縦割り組織とは大きく異なる。

　マネージャーのKPI（Key Performance Indicators；重要業績評価指標）はチームの成果であり、マネージャーはチームの成果向上に貢献する必要がある。これは、例えばチーム全体の売り上げにマネージャーが責任を負い、チームメンバーに売り上げ目標を割り付けてげき（檄）を飛ばすという意味ではない。マネージャーはチームのパフォーマンスを向上させるために、コーチ、かつメンターの役割を果たしているのである。

1-2-3 チームを成功に導く「5つの鍵」

　こうしたことの背景として、かつてGoogleが実施した「プロジェクトアリストテレス」の分析結果がある。成功したチームと失敗したチームを実証的に分析したところ、各専門分野のエースを集めたドリームチームが成果を出すとは限らないことが明らかになったという。このプロジェクトの結果から「チーム

5つの鍵	具体的内容
心理的な安全性 Psychological safety	自分の弱点をメンバーにさらけだしても大丈夫だと思える
相互の信頼性 Dependability	メンバー同士が、スケジュール通りに一定以上の品質で仕事をこなすことを信頼できる
チーム構成と明確さ Structure & clarity	各メンバーが、明確な役割・計画・ゴールを持っている
仕事の意味 Meaning of work	チームが担っている仕事が、メンバー個人にとって重要だと思える
仕事のインパクト Impact of work	チームが担っている仕事が、社会的意義があり変革をもたらすものだと思える

図表1-1　フラットなチームを成功に導く5つの鍵
出所：Googleの資料に基づいて筆者作成

が成功する鍵は人間関係である」と分析し、フラットな人間関係でチームを成功に導く「5つの鍵」を見いだした（**図表1-1**）。その5つの鍵では、信頼など心理的な要因が活躍（work effectively）につながることが示されている。

1-2-4 人事評価と連動しないチームの目標

　マネージャーは社員の向上心や独創性を発揮する力を高め、チームの成果向上に貢献する。Googleのように世界最高峰の優秀な人材が集まっていればマネジメントは不要と思われるかもしれないが、優秀な人材であるからこそ、チームのメンバーに自分の仕事を自己認識させる役割がマネージャーに求められる※。

※ Googleでは2002年ごろにマネージャーを廃止して組織が機能するのかどうかの実験を試みたが、「失敗だった」と自己評価している。後に、優れたマネージャーの条件を突き止めるための調査「Project Oxygen」を実施し、その結果を基に、現在ではマネージャーの行動規範を10個定義している。

　Googleでは、チームの目標管理は人事評価と連動せず、目標と成果指標（Objectives and Key Results：OKR※）と呼ばれる手法が用いられている。普通であれば気後れするような難易度の高い目標を掲げ、組織の全員に公開して

達成状況を確認できるようにする。Googleではあえて高い目標を設定することを「ストレッチゴール」と呼び、目標の60〜70%の達成が「成功」と言える成果指標を設定する。これにより、チームが大きな目標を見据えて仕事に集中し、完全には達成できなくても予想外の高い成果を上げることを目指す。

※OKRは、企業や組織における人材マネジメントの手法。従来の人材マネジメント方法ではKPIを設定し評価する。それに対してOKRは、会社、チーム、個人で目標を同じ方向に向けることを重視し、目標そのものの達成を評価に直結させないという点で異なる。目標の難易度を上げて明確なゴールを設定し、目標達成に向けて従業員のエンゲージメントやパフォーマンスを向上させることで、チームや組織全体の業績を向上させる狙いがある。

1-2-5 まとめ／Googleの組織

　Googleがデジタルビジネスの領域で常に革新的でいられるのは、イノベーションを担える人材を集め、そうした人材が納得できる職場文化・職場環境をつくることで、さらに多くの人材を引き付ける仕組みがあるからだ。Googleのトップが尊重する文化や価値観を起点に、組織に必要な人材を確実に確保するエコシステムを構築し、チーム専属マネージャーによる徹底したチーム管理、成果パフォーマンスへのコミットを義務付けることによって、従業員に高いエンゲージメントを維持しながら、高いパフォーマンスを発揮してもらう努力を常に続けているのである。

1-3 産業革命による労働力シフト

　AIを核として世界を席巻するデジタル化は、「第四次産業革命」と呼ばれている。日本はこのデジタル革命に出遅れていたが、新型コロナウイルス感染症が突如としてもたらしたリモートワークは、日本に有無を言わせないキャッチアップを迫っている。第四次産業革命そのものの解説や分析は、数ある他書に委ねる。この節では、デジタル化がIT技術の導入にとどまるものではなく、「産業や労働力配置の在り方というマクロの大きな変化」と、「人々に求められるケイパビリティや業務のありようといったミクロでの激変」が一体となって引き起こされることを、過去の経験を振り返りながら示したい。

1-3-1 産業革命による労働力の在り方の変遷

　今回の産業革命が第四次と呼ばれるということは、人類は既に産業革命を3回経験したわけであり、過去の産業革命でも新たな技術の登場によって人口・労働力の在り方が大規模に移り変わってきた。デジタル化による影響は未知ではあるが、過去の経験を踏まえて備えることはできるはずである。以下では、それぞれの産業革命で登場した技術と産業へのインパクト、その技術によって人に求められるケイパビリティがどのように変化したのか、労働力がどのような領域からどのような領域へと移り変わったのかについて振り返ってみよう。

第一次産業革命：匠の技を単純工程に再構築

　第一次産業革命は、蒸気機関という新技術の登場によって起きた。それまでの熟練工による手作りの手工業には、匠の技と呼ばれるケイパビリティが求められていた。しかし、手作業による工程が、蒸気機関の動力によって部分的に機械化された新たな生産工程へと生まれ変わり、「軽工業」という新たな花形

産業が成長していった。軽工業は、蒸気機関と人の組み合わせで行われるので、人の役割は機械を補うものになった。そのレベルは、熟練工に求められたほど高くはなく、非熟練工でも習得可能であった。

　要約すると、熟練工による高度で複雑な作業工程をそのまま継承するのではなく、非熟練工でも担えるような単純工程へと再構築されたのである。これは、第四次産業革命におけるデジタル化が、従来の人による業務をそのまま継承せず、AIに適した形で再構築されるという見通しに非常に似ている。（第一次産業革命以前の）手工業は、担い手が高いケイパビリティを持つことを前提とした業務であったため、要求を満たすのは少人数の匠であった。これに対して軽工業は、担い手が手工業より低いケイパビリティしか持たなくてもよい業務として設計されたため、多くの非熟練工が要求水準を満たすことができるようになった。

　こうして生じた第一次産業革命では、第二次囲い込みによって都市に流入していた農民が軽工業に従事するブルーカラーとして吸収される、という大規模な労働力シフトを生んだ。

第二次産業革命：ブルーカラーは高度に、ホワイトカラーが登場

　続く第二次産業革命は、内燃機関という新技術の登場に合わせた社会の変革であった。内燃機関は、消費財を大量生産する生産ラインの構築を促すとともに、重工業を勃興させた。消費財製造業と重工業という新たな花形産業のどちらも、新たな技術に適するよう、今までにない作業工程をつくり上げたものであった。

　製造現場の業務でブルーカラーに求められたのは、オペレーターとして機械を高度に操れるケイパビリティや、機械を補える多能工としてのケイパビリティであった。また、企業の大規模化によって管理や企画といった新たな業務

が登場し、事務処理のケイパビリティを持ったホワイトカラーが必要になった。

　こうして第二次産業革命では、ブルーカラーには機械化した生産ラインを稼働させるための新たな技能を求めるようになった。さらに、花形産業として企業数が増えた結果、ホワイトカラーという労働力の需要が増加し、ホワイトカラーが都市に集まるという大規模な移動が起きたのである。

第三次産業革命：ブルーカラー減少、都市がホワイトカラーを吸収

　第三次産業革命は、学問的な定義は明確ではないものの、おおよそ20世紀後半におけるコンピューターの普及による影響を指すことが多い。製造業では、新たに登場した技術要素であるコンピューターを導入することにより、工場のオートメーション化が一層進展して製造ラインが高度に自動化された。オートメーション化によってブルーカラーが担ってきた工程は機械が実施するようになり、代わりに、コンピューターの監視や制御といった機械を使いこなすためのケイパビリティや、自動化が難しい複数のタスクを柔軟にこなすようなケイパビリティが求められるようになった。また、製造拠点の集約と大規模化が、工程の自動化と同時に進展したことから、ブルーカラーの総数が減少した。

　一方、オフィスにおけるコンピューター技術の導入は情報システムを指すことが多かった。すると、人間による業務が紙からデータへと移行し、オフィスにおいてコンピューターを操作するケイパビリティを持ったホワイトカラーの需要が高まった。さらに、コンピューターによって種々の情報が生み出され、この情報を利用したマネジメントなど複雑な業務を担うケイパビリティを持ったホワイトカラーの需要が創出されていった。

　このように、ホワイトカラーの業務では効率化と高度化が進み、コンピューターを扱うケイパビリティを有することが必須になった。ホワイトカラーの人

数が膨張すると、組織がより高効率に働くために大企業化とヒエラルキー化が進展し、組織を階層的に管理するスキルが求められた。こうして、ブルーカラーが減少する一方で、都市がホワイトカラーを吸収していったのである。

1-3-2 四次産業革命はオフィスで起きる

　以上の3つの産業革命を踏まえて、今回の第四次産業革命を分析してみよう。新たに登場した技術は、AI・ロボットを中核とするデジタル化である。第三次産業革命のコンピューター技術と比べると、情報化できる業務の範囲が格段に広がった点に違いがある。かつ、業務への影響が単にコンピューターを利用するだけではなく、高度な自動化が進展している点も異なる。これは、第三次産業革命の際に製造業でオートメーション化が一層進んだことと似ており、第四次産業革命では、第三次産業革命の際に工場で起きたのと同様のことがオフィスで起きる。

単純操作をするホワイトカラーの需要は減少

　つまり、これまでホワイトカラーが行ってきたコンピューターを用いた業務が、マニュアル化が可能なものからAIに代替されて自動化されるようになり、コンピューターを単純操作するホワイトカラーの需要は大きく減少していくのである。一方で、デジタル化が難しい業務が残り、また高度な自動化によって利用可能な情報の種類や量が飛躍的増大することから新たな業務が生み出されるため、こうした「人ならでは」の付加価値を与える業務に適したケイパビリティを持つ高度人材が求められるようになる。

効率からイノベーションへと変化

　このような変化が、DXと呼ばれるものである。変化は業務だけにとどまらず、ホワイトカラーが減少することで組織の規律を重視する必要性が低くなり、また高度な業務に求められる要素が効率からイノベーションへと変化すること

からイノベーションを生みやすい環境を整えることが重視されるようになる。このため、Googleの事例で示したような組織のスリム化やフラット化が、DXに成功した企業において生じていくであろう。

　以降では、予想される変化を一つずつ丁寧に描き、それぞれの変化がなぜつながっているのかを解き明かしていく。

1-4 ホワイトカラーへの影響／第四次産業革命

　第四次産業革命におけるAI・ロボットを中心としたデジタル化は、業務の自動化によって、特にホワイトカラーの労働スタイルを大きく変えていく。そこで、ホワイトカラーの二分類であるジョブ型※とロール型に分けて、それぞれへの影響を定量的に示す。

※本書においてジョブとは、ある仕事における職務を構成する個別タスクの集合体と定義している。タスクは業務内容があらかじめ明確に定義されている具体的な活動そのものを指す。一方で、モチベーション管理、ビジョンの提示、リーダーシップの発揮といった、明確にタスクと定義しがたいが職務とされるものをロールと定義している。詳しくは、本章のCOLUMN「用語解説」を参照。

1-4-1 ジョブ型：自動化の圧力に直面する

　野村総合研究所では、英国オックスフォード大学とともに、AI・ロボットなどによる職業の自動化可能確率を推計した※。その結果、日本の労働人口の49%が技術的には自動化可能であるという結果が導かれた。なお、この49%という数字は理論上の最大の可能性であって、実際に削減される労働人口の推計ではない。この項では、コンピューターを用いた業務のうちマニュアル化できるものが自動化されていくことにより、今後はコンピューターを単純操作するジョブ型のホワイトカラーの需要が大きく減少することを示す。

※詳しくは、野村総合研究所の関連Webページ（https://www.nri.com/jp/journal/2017/0503）から、「日本におけるコンピューター化と仕事の未来」（日本語）または「Computerization and the Future of Work in Japan」（英語）を参照。

自動化が「進む仕事」と「進まない仕事」の二極化

　日本における職業の自動化可能確率と雇用者数を示したグラフを見てほしい（**図表1-2**）。これは、職業の自動化可能確率によって分布させた面積図で、濃いグレー部分の面積全体が日本の雇用者数全体である。全体の傾向として、自

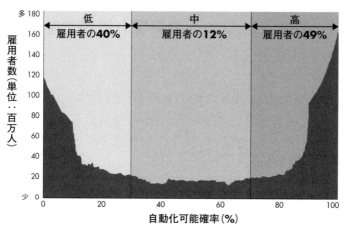

図表1-2　日本おける職業の自動化可能確率と雇用者数の分布

職業の自動化可能確率を分布させた面積図。面積の全体が日本の雇用者数全体。出所：筆者

動化可能確率「低」（33％以下の職業）は全雇用者の40％、「高」（66％以上の職業）は49％である。自動化可能確率「中」程度（33〜66％）には12％しか分布していない。AI・ロボットにおける自動化は、今後大きく進む仕事と進まない仕事に二極化されるということであり、同様の傾向はオックスフォード大学が米国について行った研究でも現れている。

事務職の自動化可能確率が高い

　個別の職業について、自動化可能確率と雇用者数の分布を示す（**図表1-3**）。注目したいのはグラフの右上（雇用者数「多」、自動化可能確率「高」）の職業で、それらは今後、右下（雇用者数「少」、自動化可能確率「高」）へと移行することになるだろう。グラフ右上のうち、雇用者数100万人以上、自動化可能確率66％以上の職業は、「総合事務員（雇用者数275.5万人、自動化可能確率99.7％）」「自動車運転従事者（143万人、83.1％）」「会計事務従事者（132.7万人、96.4％）」「食料品製造従事者（114.3万人、83.5％）」の4つだった。4つのうち2つは「事務員（事務従事者）」、つまりホワイトカラーで、これらの職業はAI

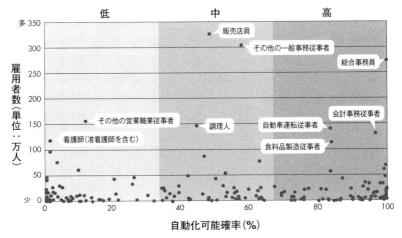

図表1-3　職種ごとの自動化可能確率と雇用者数の分布
出所：筆者

による自動化によって、今後雇用者数が大きく減ることが見込まれる※。

※ 「自動車運転従事者」と「食料品製造従事者」は一般にブルーカラーに分類される。ブルーカラーの多くは第三次産業革命の際に自動化されたが、現時点で雇用者数が多いということは第三次産業革命での自動化を免れた職業だということだ。それが第四次産業革命では自動化される。例えば「自動車運転従事者」は、AIによる自動運転技術が急速に発展していることから、今後、大きく雇用者数を減らすことが見込まれる。ちなみに雇用者100万人以上の職業は他に「販売店員（雇用者数327.4万人、自動化可能確率48.0％）」「その他の一般事務従事者（305.4万人、57.4％）」「その他の営業職業従事者（157.8万人、11.6％）」「調理人（147.6万人、44.2％）」「看護師（准看護師を含む）（119.7万人、1.3％）」であった。

賃金が高くても自動化可能確率が高い職業がある

　次に、自動化可能確率と平均賃金の分布を示す（図表1-4）。注目したいのは平均賃金の高低と自動化可能確率の高低に相関がないことである。これは、易しい仕事から自動化が進み、高度な職業が生き残るわけではない、という意味になる。例えば、グラフの右上（平均賃金「高」、自動化可能確率「高」）の職業である。グラフ右上のうち、年間平均賃金1000万円以上、自動化可能確率66％以上の職業は、「船舶機関長・機関士（漁労船を除く）（年間平均賃金1712万円、自動化可能確率71.6％）」「その他の法務従事者（1036万円、89.6％）」「弁

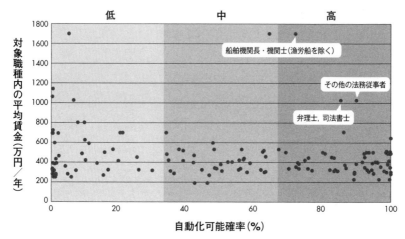

図表1-4　職種ごとの自動化可能確率と平均賃金の分布
出所：筆者

理士，司法書士（1036万円、85.0％）」の3つだった。これらは、人にとっての評価としては専門性が高く複雑で高度な業務とされているが、AI・ロボットにとっては技術的には代替が可能と示されている。なおこの分析は、各職業に実際に従事している方々が自らの業務を自己評価したデータを、AIが統計的に分析したものであって、人が個別に業務内容を分解し評価したものではないことをお断りしておく。

技術進歩によって置き換え可能な業務は増えていく

　AI・ロボットは、「総合事務員」のような一般的なデスクワークだけでなく、「弁理士，司法書士」のような複雑で高度な仕事も置き換えていくことができる。詳しくは第2章で説明するが、たとえ人にとって複雑・高度であっても、業務の内容が明確に定義され再現できるのならば、それはAIの得意分野であり、技術進歩によって置き換え可能な業務は増えていく。現実的に置き換わるかどうかは経済合理性や社会の受容性によるものの、置き換えの圧力は日々強まっていく。

1-4-2 ロール型：中間管理職は削減、管理職層はフラットに

　ロール型業務はデジタル化が難しいといわれているが、AI・ロボットなどによる自動化の影響は無視できない。本項で伝えたい要点はこうだ。オフィスの中で自動化が進むことによって、人はデジタル化が難しい業務を担うようになる。また、自動化が進むにつれて利用できる情報の種類や量が飛躍的に増大し、そうした新たな情報を活用する新たな業務が生み出される。すると、こうした「人ならでは」の付加価値を与える業務に適したケイパビリティを持つ高度人材が求められるようになる。

ロール型の典型「中間管理職」を分析

　デジタル化が難しいロール型業務の典型例として「ミドルマネージャー」がある。「ミドルマネージャー」に当たる日本語は「中間管理職」であろう。大規模なピラミッド型組織によるライン型マネジメントが普及した日本では、中間管理職は現場のトップマネジメントとフロントスタッフをつなぐ重要なポジションである。一方で、実際には中間管理職の意志決定権限は限られており、「承認のスタンプラリー」の一階層にすぎないというケースも多い。部長の下の「なんとか部長」、課長の下の「なんとか課長」といった、多数の中間管理職が存在する形も散見され、マネジメント業務を担っているとは言いにくい場合もある。以下では、「中間管理職」という言葉は現在の業務を描く際に使い、「ミドルマネージャー」という言葉はデジタル化された将来のマネジメントを指すこととする。

　野村総合研究所では、実際に中間管理職として業務に当たっている方々を対象としてアンケートを実施し、その業務実態を把握した。そのうえで、AIやロボットなどによる自動化の影響と、中間管理職が抱えている非効率な側面を効率化することで、今後のミドルマネージャーとしての業務がどのように変化するかを分析した。

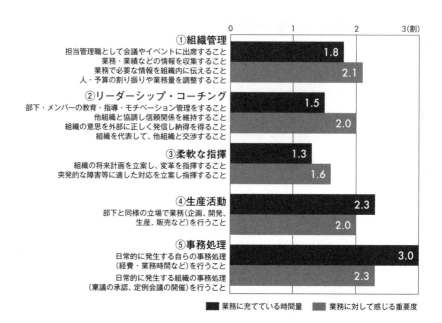

図表1-5　業務に充てている時間量と業務に対して感じる重要度の割合 (平均)
「あなたは①②③④⑤のそれぞれの業務について、どの程度の時間量を実際の業務で充てていますか。また、それぞれの業務について、どの程度の重要性を実際の業務で感じていますか。合計で10になるように0～10の数字を入力してください」と聞いた結果。足し算しても10にならないのは四捨五入の関係。出所：筆者

アンケート分析による中間管理職の業務実態

　まずは、中間管理職の方々へのアンケート結果を見てみよう。ミドルマネージャーの役割を、①組織管理、②リーダーシップ・コーチング、③柔軟な指揮、④生産活動、⑤事務処理の5つであると定義し、それぞれについて、例えば①組織管理であれば「担当管理職として会議やイベントに出席すること」というように、個別のタスクを例示している。この5つについて、中間管理職を担っている現職の方々に、実際に投入している時間量と、本来投入すべきと考える重要度の観点のそれぞれで、合計が10になるように回答してもらった (図表1-5)。

　結果として、①組織管理、②リーダーシップ・コーチング、③柔軟な指揮は、

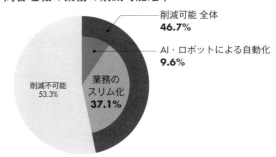

図表1-6　中間管理職の業務の削減可能確率
出所：筆者

本来は重要であると思われているが、実際にはあまり時間を割けていないとの評価であった。一方で、④生産活動と⑤事務処理は、本来の重要度よりも多くの時間を費やしているとの認識が見られた。これは、ミドルマネージャーの仕事の実態が、本来必要なマネジメント（①②③）よりも、プレーヤーとしての業務（④⑤）により多くの時間を割く実態であることを示している。さらに、グラフには示していないが、部長、課長、係長という職階別に見ると、職階が高いほど本来必要なマネジメント（①②③）への投入時間量・重要度が高く、職階が低いほどプレーヤーとしての業務（④⑤）への投入時間量・重要度が高くなる傾向があった。

中間管理職の業務の46.7％が削減できる可能性

　では、この中間管理職の業務が、デジタル化によって効率的なミドルマネージャーの業務へと生まれ変わるとどうなるだろうか。**図表1-6**は、「中間管理職の業務の削減可能確率」を示している。中間管理職が従事している業務がデジタル化によって削減できる可能性は46.7％であった。その内訳は、AI・ロボットによって自動化される確率9.6％、自動化されずに人が担い続ける業務ではあるがデジタル技術を併用することで効率化される確率37.1％である。

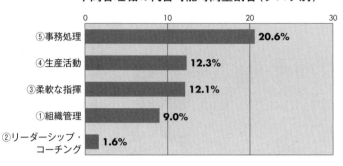

中間管理職の代替可能時間量割合（タスク別）

- ⑤事務処理: 20.6%
- ④生産活動: 12.3%
- ③柔軟な指揮: 12.1%
- ①組織管理: 9.0%
- ②リーダーシップ・コーチング: 1.6%

図表1-7　**中間管理職の削減可能時間割合**
出所：筆者

　中間管理職の業務は多岐にわたっているため、AI・ロボットによって自動化できる技術的な可能性は9.6%にとどまる。一方で、AI・ロボットによって自動化できない業務であっても、業務をスリム化できる可能性がある。例えば、係長と部長が伝票を重複してチェックしている業務があり、それがデジタル化された経理サービスを用いることで1回の承認でよくなるとすると、「経理の承認」という業務自体は人が担い続けるけれども、業務は大きくスリム化することができる。このような業務をスリム化、すなわち本来そのポジションのマネージャーが担う必要がない、また、重複してしまっている業務を、特定のポジションのマネージャーに集約させることができる可能性が37.1%もあるのだ。この2つを合わせると、中間管理職の業務のうち46.7%が削減できる可能性を持つ。

マネージャーの55.6%の仕事が削減可能

　むろん、46.7%という数字は理論上の最大の可能性でしかなく、46.7%の業務が実際に削減されるという意味ではない。この削減可能性がある46.7%の業務について、各タスクの投入業務時間量比率を考慮し、中間管理職における総業務時間量に対する削減可能性の確率を推計した結果が**図表1-7**である。業務

時間量としては、マネージャーの55.6％（**図表1-7**の割合を足し合わせた割合）の仕事がAIによる自動化、または業務のスリム化によって削減可能という結果が示された。

　⑤事務処理では現状の20.6％、④生産活動は12.3％が削減可能となる。③柔軟な指揮はマネジメントの役割ではあるが、1割以上（12.1％）の削減が可能という結果となった。②リーダーシップ・コーチングに関する業務はAIまたはスリム化による削減の効果は少なく（1.6％）、マネージャーの役割として代替が効かない業務であるといえる※。

※推計の背景を簡単に解説する。中間管理職の役割として定義した①〜⑤の仕事について、職階ごとにAI・ロボットなどによる自動化可能確率を推計した。それらについて、各タスクの重要度との関係により、（A）重要であり自動化が難しい仕事は各管理職が担う、（B）重要であるが自動化の可能性が高い仕事はAIに任せ、任せられない部分は各管理職が担う、（C）重要ではなく自動化可能性が高い仕事はAIに任せ、任せられない部分は最も重要とされる職階に集約する、（D）重要ではないが自動化が難しい仕事は最も重要とされる職階に集約する、としている。仕事の集約は、重複している業務を組織のスリム化とともにしかるべき担当者に集約させるべきという前提を置いて推計している。

AIをITツールと捉えると中間管理職の仕事は楽にならない

　図表1-6で示したように、中間管理職の業務がAI・ロボットによって自動化される可能性が9.6％しかなかった。この数字が意味することは、AIを単なるITツールと捉えて導入しても中間管理職の仕事は楽にならないし、デジタル化の大きなインパクトへの対応としては不十分だということだ。重要なことは、マネジメントの業務に向き合い、その集約、すなわち、すみ分けをしっかりと行うことである。その先には、適材を適所に当てはめる「ジョブ型雇用」への移行を見据えることになる。

　図表1-8は、現在の中間管理職が担っている業務のうち、AI時代のミドルマネージャーに残る業務と、なくなる業務を整理したものである。現在は、業務のマネジメントも、人材のマネジメントも、資料作成などの生産活動や事務処理のすべての業務が各職階に存在し、一部の業務は重複している。それらの業務を整理し、最も適任な階層へと集約することで、**図表1-6**で示したように中

業務スリム化の余地が大きい
ミドルマネージャーに残る業務となくなる業務

AI時代		
各職階で残る業務	残る余地がある業務	代替・集約されてなくなる業務

	各職階で残る業務	残る余地がある業務	代替・集約されてなくなる業務
部長級	①組織管理 ③柔軟な指揮	②リーダーシップ・コーチング	④生産活動 ⑤事務処理
課長級	②リーダーシップ・コーチング	④生産活動 ⑤事務処理	①組織管理 ③柔軟な指揮
係長級	④生産活動 ⑤事務処理	②リーダーシップ・コーチング	①組織管理 ③柔軟な指揮

図表1-8　AI時代に残る中間管理職の業務となくなる業務
出所：筆者

間管理職の仕事のうち37.1％の業務が削減可能なのである。

AI時代、管理職層が簡素化されてフラットに

　AI時代には、部長・課長・係長といった従来の管理職層が簡素化されて階層が少なくなる（＝フラットになる）。フラットな組織になると、マネージャーは昇進パスとしてのポジションではなく、業務や人材の管理業務に適している人が担うポジションになる。日本の雇用慣習として主流になっている、人に仕事を当てはめる「メンバーシップ型」雇用は、現場のワーカーないしエキスパートとして優秀な人材を中間管理職とし、マネジメントの仕事を押し付けた。その結果、「生産も、事務処理も、人材管理も、業務管理もすべてやらなければいけない」という中間管理職の悲劇を生むことになった。また、現場業務で年功を積んだとはいえ、マネージャーとしての業務には向いていない人材を無理に中間管理職とすることで、現場に戻ることもなく、昇進することもない、窓

際族を生むことにつながったともいえる。

　将来のミドルマネージャーは、管理のケイパビリティを持つ適性があるから
こそ就任するロールとなり、年功があろうとも管理のケイパビリティを持たな
ければミドルマネージャーにはなり得ない。ホワイトカラー人材が、これから
ミドルマネージャーとしての道を歩むのであれば、マネージできるケイパビリ
ティを身に付けることが不可欠になる（マネージャーとしてのケイパビリティ
は第3章を参照）。

1-4-3 消えたホワイトカラーはどこへいく？

　中間管理職層が担っている仕事の半分がAIなどで自動化されて集約できる
ということは、現在の中間管理職のうち、ミドルマネージャーになれる人は大
きく減るということである。では、マネージャーとしてのケイパビリティを持
たないホワイトカラーは"用なし"なのだろうか。また、ミドルマネージャー
になる以外のキャリアパスは存在しないのだろうか。

少なからぬ中間管理職がミドルマネージャー以外に転進
　図表1-9は、組織における働き手の変化を示している。図の上が現在、下が
AI時代である。中間管理職のうち、業務あるいは人材のマネージャーとして
のケイパビリティを持つ人のみが、AIに代替可能な業務はAIに任せつつ、ミ
ドルマネージャーとしてのロールを果たす。ちなみに経営層は、経営指標のモ
ニタリングや、稟議の承認などの事務手続きがAIに代替されることで、役割
が主に判断に集約される。企業のビジョンや戦略を定め、責任とリスクを伴う
意志決定に専念できるようになり、その人数は減ることはあっても増えること
はないだろう。

　今後のミドルマネージャー（および経営層）の人数は、現在の中間管理職（お

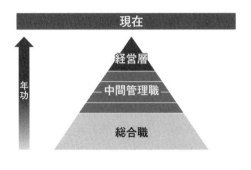

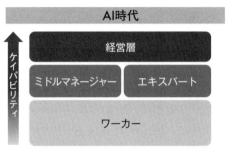

図表1-9　組織の変化
出所：筆者

よび経営層）の人数よりも減少する。つまり、少なからぬ中間管理職がミドル
マネージャー以外に転進することを意味する。

　従来、役職を上げるには管理職になることが求められ、管理職へと役職が上
がるための評価軸は年功であった。これに対し、今後の役職を評価する軸はケ
イパビリティに移行する。中間の役職がミドルマネージャーだけであるなら
ば、評価されるケイパビリティはマネジメントだけになる。ミドルマネー
ジャーになれなかった中間管理職は、ワーカーに降格されることを受け入れる
か、会社を去るかを迫られることになる。これが、転進の実態になるはずだ。

中間管理職がワーカー層に移ることは避けられない

　これをうまく進める一つの方法は、中間管理職の評価軸にマネジメント以外の要素を加え、他の分野のケイパビリティをつかむことである。中間管理職のうち、特定分野で高いケイパビリティを持つ人は、エキスパートとしての能力を発揮していく体系へと移行するだろう。一方で、マネージャーとしてもそれ以外の特定分野でも高いケイパビリティを持たない人は、ワーカー層に移ることは避けられない。ワーカーとは、マネージャーやエキスパートの下で、フロント業務を担う人である。能力を発揮する場を持たない窓際族となるよりは、活躍の場が用意されていると評価することもできよう。

　現在ワーカー層であるホワイトカラーは、AI・ロボットによる仕事の代替が進み新たな仕事のスタイルとなる。そのスタイルにおいて、何かの専門性を身に付けて自らの価値を発揮していくことになる。特定分野の高いケイパビリティを身に付けたワーカーは「エキスパート」となり、マネージングを選んだワーカーが、将来的にミドルマネージャーに進むことになる。

　移行期には、中間管理職がワーカー層に移ることになるが、将来的には厚いワーカー層の上に少数のミドルマネージャー層とエキスパート層が乗る形になり、組織の上下構造は結果としてコンパクトになる。1 - 2 で紹介した Google の事例は、エキスパートがプロジェクト単位で動く組織の形を先導したといえるだろう。

1-5 ブルーカラーへの影響／第四次産業革命

　製造業は、第三次産業革命でオートメーション化が進展した結果、ブルーカラーの人数は大きく減った。このため、労働者数という観点からは、第四次産業革命ではホワイトカラーほど著しい影響を受けない。そうはいっても、ブルーカラーでもコンピューター化可能確率が高い職種は存在するし、近年人手不足が叫ばれている製造業にとっては、「ファクトリーオートメーション」や「スマートファクトリー」と呼ばれる工場の自動化・高度化の取り組みの中でAIの活用が進めば、量的にも、質的にも人手不足問題を解消できる可能性がある。ここでは、ブルーカラーが働くシーンでAIやデジタル技術に置き換えられることについて述べたうえで、新たにどのようなケイパビリティが求められるのかを論じる。

人間の感覚に頼ってきた工程もAIで代替される

　第三次産業革命では工場のオートメーション化が進展し、工程のうち単純なものはロボットなどが担うようになった。だが、ロボットやコンピューター自体を使いこなすための監視・制御、自動化が難しい複雑な工程、複数の工程を俯瞰（ふかん）したうえでのより高度な意思決定、人間の感覚が必要とされるプロセス（官能検査など）といった業務は人間に残り、それらをこなせるケイパビリティを持つ「匠」は工場の中に残った。

　これに対して、第四次産業革命やインダストリー4.0と呼ばれる潮流において実現されるデジタル化された工場では、工場をコンピューター上で仮想的に再現する「デジタルツイン※」や、工程間・企業間のデータ連携などの取り組みを通じて、第三次産業革命までの時代で実現されてきた工場の自動化・ロボット化をさらに超えて、様々なデータが取得可能になる。そして、それらデー

タを有効に活用・分析するためのプラットフォームが登場し、各プロセスの進行状況をリアルタイムに把握したり、プロセス間のデータ連携を行ったりすることで、工場内のプロセスの最初から最後までを一気通貫で改善できるようになってきた。個別の工程においても、例えば品質検査工程のようにこれまで人間の感覚に頼ってきたものをAIが代替できるようになりつつある。

※デジタルツインとは、物理空間に存在する設備や機器などのデータを各種センサーやソフトウエアで収集し、コンピューター上で仮想的に再現する技術およびソリューションを指す。これにより、仮想的に工場内の状況をモニタリングしたり、何らかの変更を加えた場合のシミュレーションなどを行ったりすることが可能になる。

　そのような状況においては、前述の監視・制御、複数工程を俯瞰したうえでの意識決定などは、その業務プロセスの多くが自動化されるだろう。複雑な工程や、人間の感覚が必要とされる工程についても、すぐにすべてが自動化されるわけではないとしても、徐々に置き換えられていくものと考えられる。

1-5-1 工場で求められるケイパビリティ

　これからの工場ではどのようなケイパビリティが求められるのだろうか。ここでは、(1) コンセプト構想力、(2) エコシステム※設計力、(3) 創造力の3つを紹介したい。

※エコシステムを直訳すれば「生態系」である。事業を提供するには、サプライヤー、納入先、事業提携先など、様々なステークホルダーと持続可能な関係を構築する必要がある。そのためには、自社に利益が出るビジネスモデルでは不十分で、各ステークホルダーが共栄できるような情報や収益の流れを設計することが求められる。これがエコシステムである。

(1) コンセプト構想力

　コンセプト構想力とは、経営判断やビジョンといったより上位の意思決定を考慮しながら、その工場が目指すべきゴールを定義し、それを達成可能なコンセプトを構想するケイパビリティを指す。例えば、「デジタル技術で完全武装した工場を目指す」のか、「(現時点で) 職人にしか実現できない品質の製品作りが行える工場を目指す」のかというのも、極端な例ではあるが、コンセプト

の選択である。世の中の情勢や経営判断・ビジョンといった影響要因を勘案しながら、そもそもどのような工場であるべきかを検討するというのはAIには難しいし、個別の工程に特化して品質を高めてきた匠にはない視点である。

(2) エコシステム設計力

　エコシステム設計力は、コンセプトを実現するためのより具体的な仕組みを検討するケイパビリティである。デジタル化やAI活用は、一度の設計ですべてが完璧に稼働するものではなく、仮説検証サイクルを回して精度を高めていく必要がある。

　具体的には、「デジタル技術をこのように活用すればコンセプトを達成できるのではないか」という現場仮説の構築、「現場仮説はこのようなデータでこのように分析すれば検証できるのではないか」というデータ設計、分析結果を用いた打ち手の検討、打ち手を実施した後のデータに基づく追加検証や改善といったサイクルを回していくためのケイパビリティが必要になる。データ設計の一つをとっても、「どこまでデータ連携を行うべきなのか（社内の別工程か、他社を含めたサプライチェーンの前後工程までか）」「既存のデータのうち何をどのように分析すべきなのか」「新たに取得すべきデータは何か（現場の感覚をどのようにデータ上で反映するか）」など、検討すべき事項は多岐にわたる。

　それらは工場が置かれている物理的な環境（立地条件や使用している設備など）に応じて適宜調整する必要があるが、AI自身がデータを新たに定義することは難しく、人が定義する必要がある。例えば、工場設備の一部が腐食する原因が潮風であった場合に、AIが「潮風が原因ではないか」と仮説を立てることはできず、歩くセンサーたる人間が仮説を立て、データを定義する必要があるだろう。

(3) 創造力

　創造力は、デジタル化が進むからこそ必要とされるケイパビリティである。AIは与えられたゴールとデータの中で最適解を出すことに特化しており、ゴールそのものを生み出すことはできない。世の中でどのようなものが売れているかを分析することはできても、そこから「iPhoneを作るべき」という答えは得られない。このような創造力は、第2章でも詳述する。

　(1) コンセプト構想力と (2) エコシステム設計力を発揮する人材は必要だが、必要とされる総数は減少する。そうした中で、工場現場で働く人の (3) 創造力を生かした、新たな製品の企画・設計・開発に携わる人は増えていくだろう。

1-6 労働の在り方が変われば、組織のデザインも変わる

　本章では、産業革命という社会全体の変化が、個人の労働の在り方をも大きく変えてきた歴史を振り返った。そして、第四次産業革命におけるデジタル化もまた労働の在り方を変えることを示した。本節では、個人の変化、つまり人材に求められるケイパビリティの変化は、業務の在り方や組織のデザインとも連動して変化することに触れ、以降の章への橋渡しとしたい。

1-6-1 AIと人が協業する

　過去の産業革命では、匠＝少数精鋭が仕事をする形から、精鋭で有る無しにかかわらず大人数が技術を活用しながら分業により協業する働き方に変化した。その結果として、生産性を追求できるような組織デザインが追求された。例えば、フレデリック・ラルーは『ティール組織』（英治出版、2018年）において科学技術を活用した大企業の性質を、効率的で複雑な階層を持つ達成型のオレンジ組織であると評価している。第四次産業革命は、こうした企業デザインの潮流に影響を与えるのだ。

　今回のデジタル化は、業務内容が明確に定義されたタスクをAIが自動化していくものである。これは、繰り返し作業のように効率が要求されるタスクがAIに吸収されることを意味する。同時に、業務内容がタスクとして明確に定義されていない領域は人が担うので、人とAIがお互いの得意・不得意部分をそれぞれ補完し合う働き方へと変化する。つまり、人とAIが協業するのである。

　そうなると、効率を担当するAIなどのデジタルインフラは、効率よくタス

クが実行できるデジタル環境を整備することが求められる。一方で、人に対しては、従来のように効率を重視した業務や組織デザインから解放される。担当する業務内容がタスクとして明確に定義されていない領域の代表例は「イノベーション」である。企業は競争力の源泉と言えるイノベーションを創出するために、働く個人、働く人の業務、そして組織の構造をデザインしていくことになるだろう。

1-6-2 イノベーション創出を促す組織デザイン

　イノベーション創出につながるアイデアを発想するには、複眼的な視点を取り入れることが有効とされ、組織内の人材の多様化が求められる。人材の多様化、つまり多様性を確保するということは、個人が持つ国籍・性別・母語といった客観的に捉えることができるアイデンティティーや属性だけではなく、価値観・慣習・スキル・業務経験といった内面的なアイデンティティーにおいても多様な個人が所属しているということである。

　では、外面的にも内面的にも多様なアイデンティティーを持った個人を取り込み、そうした多様な人材が自社のイノベーションに貢献する組織デザインとはどのようなものであろうか。業務と組織構造に起きる変化を簡単に眺めてみよう。

一つのプロダクト・サービスに一つのチームを組成
　人の業務という観点では、多様性の富む人材が集まる組織の中で、組織は一人ひとりのコンピテンシーやスキルを把握したうえで、一人ひとりが自らの能力が発揮しやすいようにAIとの分業を検討し、他者の能力とバランスをとった仕事のアサインができる仕組みをデザインすることが求められるだろう。

　組織構造という観点では、周りの同僚または協働パートナーとコラボレー

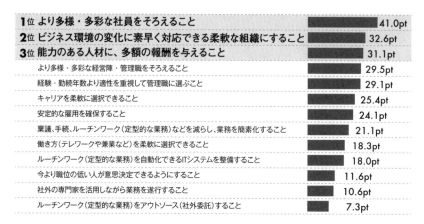

1位 より多様・多彩な社員をそろえること	41.0pt
2位 ビジネス環境の変化に素早く対応できる柔軟な組織にすること	32.6pt
3位 能力のある人材に、多額の報酬を与えること	31.1pt
より多様・多彩な経営陣・管理職をそろえること	29.5pt
経験・勤続年数より適性を重視して管理職に選ぶこと	29.1pt
キャリアを柔軟に選択できること	25.4pt
安定的な雇用を確保すること	24.1pt
稟議、手続、ルーチンワーク(定型的な業務)などを減らし、業務を簡素化すること	21.1pt
働き方(テレワークや兼業など)を柔軟に選択できること	18.3pt
ルーチンワーク(定型的な業務)を自動化できるITシステムを整備すること	18.0pt
今より職位の低い人が意思決定できるようにすること	11.6pt
社外の専門家を活用しながら業務を遂行すること	10.6pt
ルーチンワーク(定型的な業務)をアウトソース(社外委託)すること	7.3pt

図表1-10　創造的に働くために必要な要素
13個の要素を示し、創造的に働くために必要と思うものを1位から3位まで選んでもらった。1位3ポイント、2位2ポイント、3位1ポイントとし、合計ポイントの多い順に並べた。出所：筆者

ションできる場を設け、一人ひとりが意見を出し、共有し、イノベーションを創出する場が必要になる。その際には、これまでのように組織内にサプライチェーンごとの部署をつくって組織横断で業務を遂行するのではなく、一つのプロダクト・サービスにつき一つのチームを組成し、チーム内に各専門人材が集められることになる。そのようなチームごとに働く場合には、組織内の人材だけでなく外部の協働パートナーが対等にチームメンバーに対し意見を出し、専門性を発揮することになるため、企業という組織体は、多様な人材の一人ひとりを活躍させるプラットフォームになっていくだろう。

中間管理職に尋ねた「創造的に働くために必要なこと」

　図表1-10は、現在の中間管理職層に対して、創造的に働くために自社に必要な変化を尋ねたアンケートの結果である。日本の中間管理職たちは、組織が創造的に働くために「より多様・多彩な社員をそろえること」が最も重要だと意識しており、「ビジネス環境の変化に素早く対応できる柔軟な組織にすること」の重要性にも気付いている。従来は、似たようなバックグラウンドとスキ

ルを持つ人材を集め、新卒一括で「総合職」として採用し、適性に関係なく業務に割り当て、全員が年功を基本として昇進してきた。そのような組織は、AI時代にはそぐわないという危機感が醸成されているのである。

　組織が「より多様・多彩な社員をそろえる」には、社風・企業文化に合う均一的な人材だけではなく、専門性を有する人材を戦略的に確保すべきである。そうしたうえで、イノベーションを促すために意図的に異なる専門人材同士が協業できる仕組みや、専門人材同士が心地よく働くことができる環境を構築することが必要である。

用語解説

　筆者らがこの研究を始めたころ、「ジョブ」や「ロール」という用語はまだ一般的ではなく、「ミッション」や「レスポンシビリティ」をどのように理解すればよいのか、共同研究に参画いただいていた大学教官に教えを請うていた。今や、新聞の見出しにジョブという言葉が普通に使われるほどにまで一般化したことに隔世の感を覚える。そうはいっても、用語に不案内な読者も想定されるし、用語の理解にズレがあれば本書のメッセージも伝わらなくなってしまう。そのため、用語を解説する。解説するのは、業務の分類として「タスク」「レスポンシビリティ」「ミッション」、職務の分類として「ジョブ」「ロール」である。それらを図に示すと図表1-Aのようになる。

用語：タスク

　タスクとは仕事を構成する単位で、実行内容があらかじめマニュアルなどによって定義されており、それに従って遂行することで目標を達成できるような業務である。仕事がタスクの集合によって構成されていれば、タスク単位でアウトソースしたり、遂行する人を再振り分けしたりすることもできる。

用語：レスポンシビリティ

　レスポンシビリティは、果たすべき責任が定義されているが、何を遂行すれば責任を全うできるかという実行内容が定義されていないような業務に分類される。行うべき仕事の抽象度が上がっていくと、タスクとして事前に明確に定義することができず、詳細なマニュアルを事前に用意できなかったり、マニュアルがあっても"想定外"であるため役に立たなかったりするといった状況が起こり得る。従って、人が自らの判断で、状況に応じて行うべき内容を調整する必要が生じる。そのような抽象的な仕事のうち、短期的・中期的行動で達成できる業務が、レスポンシビリティである。

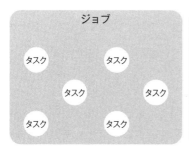

図表1-A　業務と職務
出所：筆者

用語：ミッション

　レスポンシビリティと同様に、果たすべき責任が定義されているが、何を遂行すれば責任を全うできるかという実行内容が定義されていないような業務に分類される。そのような抽象的な仕事のうち、特に抽象度が高い遂行内容を、いわば中長期的に目指すゴールとして掲げられている業務が、ミッションである。

用語：ジョブ

　職務をタスクの集合体として定義したもの。基本的に個人にひも付けられており、各タスクの遂行結果によって評価することができる。個人のスキルに依存しないタスクによって定義されている場合、誰でも担うことができるジョブオリエンテッド・ジョブである。一方、担当する個人が持つスキルに依存してタスクを定義している場合、その個人の担当範囲を定めたパーソンオリエンテッド・ジョブとなる。

用語：ロール

　タスクのみの集合体ではなく、レスポンシビリティやミッションを中心として構成される職務である。職務の一部分にはタスクを含む場合がある。例えばマネージャー以上であれば業務の内容に臨機応変の対応が求められたり、エキス

パートであれば専門家として一定の裁量が与えられたりする。このような場合、ジョブディスクリプション（職務記述書）においても、ジョブではなくロールとしての内容が記載されるようになる。与えられたレスポンシビリティやミッションを果たしたかによって評価される。

日本企業の労働環境

　メンバーシップ型とされる日本の労働環境を、上記の用語を使って説明してみよう。社員は異動のたびに特定の部署に配属され、職階が決められる。例えば、総務部の部長、営業企画部の法人営業課長といった具合である。つまり、部署と職階によって個人の職務が特定できる状況にあるが、担当すべき職務のすべてが明確なタスクによって定められていない。

　レスポンシビリティは部署ないしチーム単位で担っており、状況に応じて必要となるタスクは、部署ないしチーム単位で柔軟に運用される。どのタスクを誰が担うかは、組織の状況や個人のスキルなどの力学によって流動的に決定される。このため、個人を定型的に評価するのは難しく、基本的にチーム単位で評価される。

In the digital future How will it change?

AIと共存する時代に
ヒトが果たす役割

2-1 イントロダクション

　第1章では、新しい技術の登場によって産業革命が起きると新たな産業が登場し、その結果として多くの雇用を吸収する産業が入れ替わる他、働き手に求められるケイパビリティも変わるなど、多くの変化がお互いに影響し合いながら同時に起きることを示した。さらに、今起きている第四次産業革命では、ホワイトカラーの業務が自動化の影響を大きく受けると説明した。

　第2章では一歩引いて、第四次産業革命のデジタル化という脅威の限界を冷静に眺めてみる。まず、第四次産業革命が大きな影響を及ぼすとされる根拠には、AI（人工知能）の技術発展がある。これにより、自動化できる範囲が一段と広がると期待されている。

万能のAIが登場するという立場には立たない

　「機械学習の登場によってブレークスルーが起きた」、だから「AIは人間による指示がなくても自分で学ぶことができるようになった」といった論調に触れたことがあるだろう。では、AIは自動で学習し続け、あらゆることを自動化できるようになるのであろうか。もし、そのような万能のAIが登場するのであれば、いつしか人間はAIに駆逐され、人はAIの出した結論を追認するだけの存在になってしまうのだろうか。「シンギュラリティ」と呼ばれる未来を唱える人々の立場は、AIの機能があらゆる面で人間のケイパビリティを上回るというものだ。

　冷静に眺めると、AIは驚異的な技術進化ではあるが、あらゆるホワイトカラーの業務を駆逐するほど万能ではない。第2章ではシンギュラリティの世界観を否定し、AIは得意・不得意のある、万能ではない技術とする。そこから

導き出される、人とAIが共存する世界観を示す。

人は人だからこそ担える領域で仕事をする

　AIという情報処理から得られるアウトプットを整理することで、AIの守備範囲を描く（詳しくは 2 - 2 で説明）。そのうえで、AIが得意とする領域はAIに任せ、人はAIに任せられない領域を担っていく分業が求められていくことを示す（詳しくは 2 - 3 で説明）。これが、デジタル時代のコンセプト「人とAIが共存する」というものである。人とAIが共存する働き方については、いくつかのシーンを想定して未来像を共有する（詳しくは 2 - 4 で説明）。

2-2 AIの得意領域・不得意領域

　現代社会は様々な業種で様々な業務がある。SF映画のような高度なAIが登場し、そのすべてがAIによって自動化できるのであろうか。もし、AIの機能がすべての面で人間のケイパビリティを上回るというシンギュラリティが本当に起きて、万能のAIが登場するのであれば、人間は労働市場から駆逐されるかもしれない。

　しかし、本書はそのようなシンギュラリティの実現を前提とした世界観を否定する。そうではなく、AIには向き・不向きがあるため、人とAIは自らが得意とする領域を分担していくことで共存するというのが本書の世界観である。

　では、AIにとって得意な領域の業務、AIには不得意な領域の業務は、それぞれどういった特性を持つのだろうか。それを考えるには、業務で使用されるAIの仕組みを理解する必要がある。本節では、AIという情報処理と、そのアウトプットを整理することで、人が行ってきた意思決定のうち、AIがカバーできる得意領域を浮き彫りにしていく。

2-2-1 AIの得意領域

　AIによる情報処理の流れは、大きく分けて「インプット」「プロセス」「アウトプット」「ソリューション」の4つに分類することができる（**図表2-1**）。これは、データを取り込み、アルゴリズムを用いて解析し、その結果を出力し、その出力内容を一機能として人が活用可能なソリューションとして成立させるという一連の流れを表現している。

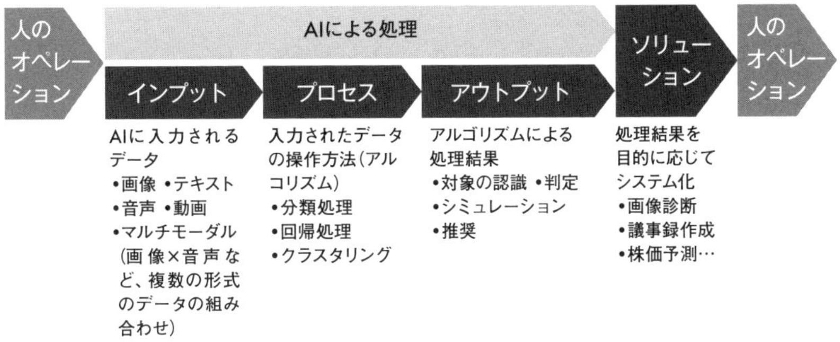

図表2-1　AIによる情報処理の流れ
出所：筆者

AIから得られる4種類のアウトプット

　AIという情報処理で得られる「アウトプット」は、「対象の認識」「判定」「シ
ミュレーション」「推奨」という4つに分類することができる。これは、人が意
思決定する際のステップに沿った分類である。つまり、通常、人間が（特にオ
フィスにおいて）何らかの意思決定を行う際は、対象がどのような性質のもの
であるかを認識し、それがどんな状態であるかを判定し、それについてどんな
働きかけをすればどのような結果をもたらすかを想定し、それら結果のうち望
ましいものが何かを考慮したうえで最終的に何を行うかを決める。

　人が意思決定する際のステップに沿った分類であるということは、AIが人
間の意思決定プロセスのうち、どこをどの程度代替できるかを整理したものと
もいえる。つまり、「AIの得意領域」というわけだ。なお、これらはあくまで
「人間の意思決定」のプロセスに乗せた場合の解釈の方法であり、具体的なAI
のアルゴリズムを結びつけて整理したものではなく、実際にどのような処理が
必要になるかはケースによって異なる。

AIのアウトプット1：対象の認識

「対象の認識」は、起きている現象や現実に存在する物体をシステム上取り扱える形で取り込み、必要に応じてラベリングすることを指す。例えば、Xという物体の形状や色調、大きさなどを認識したうえで、既存の学習結果と照らし合わせて、それを「猫である」と識別するプロセスがこれに当たる。

AIのアウトプット2：判定

「判定」は、認識・ラベリングした対象について、それが目的に即して何らかの基準を設けた場合の意味付けを行うことを指す。前述の例に沿って言えば、目的が猫の健康管理であった際に、対象の猫が大きいか小さいか、体重が重いか軽いかといった観点について、その時点での意味付けである。

AIのアウトプット3：シミュレーション

「シミュレーション」は、認識し判定した対象について働きかけを行う場合に、どのような働きかけを行うと、どのような結果が導かれるのかをシミュレートすることを指す。導かれる結果については、時間的な経過やあらかじめ規定されたフェーズの変化、ケースの多様化など、何らかの軸での「状況変化」を前提としている。

例えば、猫に対してAの餌を与えた場合の将来の体重変化はaであり、Bの餌を与えた場合の体重変化はbであるといった形で、働きかけ内容とそれらによって得られる結果をシナリオとして想定する。「判定」は認識時点での意味付けを行うが、「シミュレーション」は何らかの状況の変化を想定した場合における結果のパターンを導出する点で異なる。

AIのアウトプット4：推奨

「推奨」はあくまで最終意思決定の権限がAIではなく人間にあるとした場合の表現であり、目指すべき目的や目標を与えた場合のシナリオの重み付けを行

うことで、最終的にどのような働きかけを行うべきかを推奨する。例えば、猫の健康の最大化を目的にした場合に与えるべき餌はCである、ということまでAI側で算出し、人間の意思決定を高度にサポートする。

2-2-2 AIの不得意領域

このようなAIによる情報処理の流れは、あくまで数理アルゴリズムで表現できる人の業務をAIに載せ替えたものであるから、アルゴリズム化できない領域についてAIが活躍することが難しいことが分かるだろう。それが「AIの不得意領域」といえる。

例えば、どのデータを用いれば最適解が得られるのか確証が持てないような抽象度の高い課題を解決することや、AIが「学習」することができないほど発生頻度が低い状況に対する判断、あるいはそもそも人間が担うこと自体に意義がある行為については、AIという情報処理の適用領域にすることは困難であると考えられる。

AIが不得意な領域は、人が担うべき領域である。次節では、人がAIと共存して能力を発揮するイメージを描いていきたい。

2-3 人とAIは共存する

2-3-1 2つの共存スタイル

　ディープラーニングの登場が喧伝されていた時期には、AIが進化を続けてあらゆる分野で人を完全に凌駕（りょうが）するシンギュラリティの脅威が語られた。しかし、前節で描いたようにAIは万能ではなく、高度なアルゴリズムでしかない。計算内容が高度になり、データの関係が複雑になり、データ量が爆発的に増加し、計算のプロセスが多重化しても、数理的な処理を行うアルゴリズムが中核であることに変わりはない。このため、AIの実用化が始まるにつれてAI万能論は後退し、AIにも適した分野と不適な分野があるとの論調が広がった。

　未来の人の働き方を考えるうえで、AIと呼ばれる数理アルゴリズムのアウトプットを利用した機能でカバーできるAIの得意領域と、数理アルゴリズムによる算出には不適だが人であれば行うことができるAIの不得意領域があることを認識し、本節ではAIと人が共存するスタイルを整理する。一つはAIと人がそれぞれの領域を分担するスタイルであり、もう一つはAIによって人間の能力が拡張されるスタイルである。

共存スタイル1：分担

　まずは、AIが得意領域を「分担」するスタイルである。昨今、RPA（ロボティクス・プロセス・オートメーション）と呼ばれるサービスを導入する企業が増えた。こうした、AIによる業務の自動化（automation）は、人がこれまで行ってきた業務を、そのままの内容でAIが自動化するものである。人が行う場合に比べると、AIの高度なアルゴリズムによって正確性が向上し、また時

間が短縮されるという効果も生む。

　これに対して、AIが人間の仕事を奪うという懸念が叫ばれることがある。確かに、自動化によって代替されるという意味では、人による業務が消えるとも言えるが、実際のところはAIが分担してくれることで、貴重なリソースである人が単純作業から解放されると評価できる。AIによる分担は、RPAが多く使われる単純作業に限られず、中間管理職（ミドルマネジメント）やマネージャーが担うチェックやモニタリング、稟議（りんぎ）書の確認や進捗管理などの業務や、クラウドコンピューティング環境におけるログ確認といった業務でも生じつつある。

　こうした業務は、中間管理職などその個人が従事している業務の一部分でしかないため、その個人がAIによる分担ですべて代替されることはない。しかし、AIは人と違ってミスをしないために、人力であれば複数人によるチェックが必要だったものが、AIであればスリム化できるといった業務内容の変化も生じる。この場合でも、業務という単位でAIが担うものを人が選定し、人とAIが業務を分担することに変わりはない。

共存スタイル２：拡張（オーグメンテーション）

　次は、AIが人の能力を「拡張」するスタイルである。そうした状態を「オーグメンテーション（augmentation）」と呼ぶ。オーグメンテーションでは、一つの業務の中でAIの機能と人の能力が共存する。つまり、AIの機能によって人間一人ひとりの能力が底上げされ、その結果として人のパフォーマンスが高まる。言い換えれば、AIによるオーグメンテーションは、AIと人が互いに補完したり働きかけ合ったりしながら業務を進める状態を指す。

　例えば、大量のデータを分析・予測し、その結果を基に判断する業務を行う際に、AIがデータ分析や予測を行い、最終的な判断を人が担うという役割分

担は、AIによるオーグメンテーションができている状態と言える。なぜなら、AIはデータ分析や予測をする高度なアルゴリズムを有していたところで必ずしも正しく判断できるとは限らず、様々な状況を踏まえ人が判断する方が、精度が向上すると期待できるからである。

逆に、AIがデータを扱う方が、人による思い込みや個人的な経験による偏見を排除できる場合もある。このように、AIが日常業務に入り込むと、AIと人は業務の性質に応じて互いを補完し合うことが可能になる。AIによるオーグメンテーションによって、人は自分だけでは発揮できなかったパフォーマンスを発揮できるようになるのである。

2-3-2 分担領域を決める3つのケイパビリティ

人とAIが共存している未来には、分担と拡張という2つのスタイルがあり、分担であれば効率化、拡張であればパフォーマンスの向上という効果を引き出していくことを説明した。ここからは、どのような要素に注目して人とAIが仕事を分担していくのかを明らかにする。

人のケイパビリティが業務の分担範囲を決める要素となる

数理アルゴリズムであるAIやロボット技術で対応できない業務の範囲は、人が人でこそ価値を発揮できる領域になる。つまり、AIが得意とする領域と不得意な領域があり、AIが不得意な領域が人の担う領域である。すると、この「人が分担する領域」において、「人に求められているケイパビリティ」が、それぞれの業務の分担範囲を決める要素となる。

筆者らは、職業の自動化可能性の分析や専門家とのディスカッションを通じ、「AI時代に人に残るケイパビリティ」を見いだした。それは、「創造的思考」「ソーシャルインテリジェンス」「非定型対応」の3つである（**図表2-2**）。この3

創造的思考	●コンテクストを把握・分析した上で、自らの目的意識に沿って解を創出する能力 ●抽象的な概念を操ったり創出したりすること（例：哲学、歴史学、経済学、社会学、芸術など）
ソーシャルインテリジェンス	●自分と異なる価値観を持つ他者とコラボレーションできる能力 ●理解・説得・交渉といった高度なコミュニケーションをしたり、サービス志向性のある対応をしたりすること ※ソーシャルインテリジェンス（社会的知性）＝社会的知性、コミュニケーションや協調性などの能力
非定型対応	●先例やマニュアルがなくても、自律的に判断する能力 ●業務が体系化されておらず、多種多様な状況に適切な対処を自分自身で見つけ出すこと

図表2-2　AI時代に人に残るケイパビリティ
出所：筆者

つがどのような要素で、どのように分担領域を決めていくのかをそれぞれ見ていこう。

人に残るケイパビリティ１：創造的思考

　「創造的思考」は、抽象的な概念を目的に応じて整理したり、新たな概念を創出したりする能力を指す。AIは与えられた目的意識と変数のフレームの中で最適解を導出することは得意だが、世の中の状況を考慮しながら目的そのものを設定したり、数理的に定義できない抽象度の因果関係から仮説を考えたりすることはできない。

　例えば、囲碁や将棋のような、勝敗という価値基準が明確で、操作できる要素も決まっていれば、AIは最適解を導き出せる。一方で、会社経営のように世の中の状況やデータのみでは答えの出ない因果関係を考えながら意思決定しなければならないケースでは、AIは解を導けない。

　企業経営であれば、株主還元原資を確保するために利益を優先するとか、離

職率を下げるために従業員満足度を優先するといった、最優先になる具体的な目的を状況に応じて選択することが迫られる。しかも、こうした目的は、「利益を追求するために休日出勤を認める」とか「従業員満足度を上げるために有給休暇の取得を推奨する」といったように、相互にトレードオフの関係にある場合も珍しくない。

　そのようなとき、どの目的を優先するかを意思決定することになるが、それは「抽象的な概念を目的に応じて整理する」ということである。状況を正確に理解してゴールを明確にし、20年30年という時間の流れの中でどのように判断すべきかを考える。そのような、抽象的でコンテクスト※に左右される状況の中で、あるべき姿を考えていくケイパビリティを「創造的思考」と定義する。

※コンテクストは文脈や状況を踏まえることを指すが、ここでは、様々な価値基準がある中で前提を踏まえて判断することや、仮説思考に基づいた検討、抽象と具体を行き来する思考など、機械的に総当たりで判断することに対して、総合的に人間らしい知性を基に判断することを意味している。

人に残るケイパビリティ２：ソーシャルインテリジェンス

　「ソーシャルインテリジェンス」は、簡単に言えばコミュニケーション力であるが、単純な会話ではなく、説得や交渉をする力になる。AIは、情報の単純な授受を行うことはできる。情報を検索して人に提供したり、対話を通じて人から情報を取得したりすることは可能である。しかし、例えば店舗スタッフであれば、お客様自身が自覚できていない本当に欲しいものを、お客様との会話を通じて引き出して提案している。これはAIにはできないことで、このようなケイパビリティがソーシャルインテリジェンスである。

　医療の分野でも会社買収の分野でも、相手とコミュニケーションをとり、説得して納得してもらえるように説明し、交渉をする。そうした相手の心の動きを推し量りながら何らかの目的意識に沿って情報を引き出し、それに基づいて提案することが必要である。これもソーシャルインテリジェンスであり、AIには代替しがたいケイパビリティである。

人に残るケイパビリティ3：非定型対応

　「非定型対応」とは、あらかじめ体系化されていない多種多様な状況に対して、自分の力で何が適切かを判断するケイパビリティを指す。AIが適用可能なのは基本的には学習できる領域やマニュアル化が可能な領域であり、体系化されていないことや過去に類似する事例のない場合の事象、発生数が少なすぎる事象に対して判断を行うことは、学習データが不足するため難しい。

　類似性が高くない事象からでも共通点を見いだしたり、自身の広範な経験から妥当そうな選択肢を導き出したりといった判断力、一定程度のリスクを許容して推進する決断力といったものは、人間に期待されるケイパビリティである。

2-4 未来の仕事のイメージ

　人とAIの共存の姿は、あらゆる職種や業種で考えることができる。ここで
は、具体的な3つの仕事のシーンで、ケイパビリティによってどのように分担
範囲が決まるのかを検討する。1つ目は、専門職であり、人の役割の重要性が
高い医療業務。2つ目は、多くの人が従事し、身近な接客を伴うサービス業と
して銀行窓口業務。3つ目は、製造業におけるものづくり業務である。

2-4-1 医師：ソーシャルインテリジェンスに重点を置く

　AIやロボットによって代替できる可能性が低いとされた職業の一つに、医
師がある（自動化可能確率0.4％）。職業自体の自動化可能性が低い場合であっ
ても、一部の業務はAIなどで自動化できる可能性はある。

ロボットに診断される社会的受容性はまだない

　医師の仕事の一つである臨床は、病状を診断し、その対策となる提案を薬の
処方などを通じて行う。病気の診断そのものは、AIによる自動化が技術的に
は可能になる範囲が広く、症状をパターンによって判別し、適切な薬の処方や
診療の案内をすることも、概念的にはアルゴリズムとして運用でき得るもので
ある。ただし、薬の処方には資格が必要であり、診断を通じて適切な処置をす
るにはロボット技術が必要で技術的に困難であるなど、現実的なオペレーショ
ンとして実現できない点は多い。また、ロボットを通じて診断を言い渡される
ことに対する心理的な抵抗感など、社会における受容性としても、医師の仕事
を置き換えることはそう簡単なことではない。

　一方で、診断画像から異常を見つけるというような、一定の情報処理につい

ては既に実装され始めている。例えばCTスキャンの画像から肺がんの疑いがある異常箇所を検知することは、AIの情報処理としては画像に対する判定そのものであり、実用が進み始め、人が目で判断するよりも機械が判断した方が高い精度であると報告されている。

医師はあらゆる機微を感じ取る「ソーシャルインテリジェンス」駆使

医師にしかできないのは、画像に加えて実際の診察におけるコミュニケーションを踏まえた診断である。例えば、患者は胃が痛いと申告したけれども、本当に痛い箇所が胃なのかどうか本人も分からない可能性がある。このような場合、「胃が痛い」と申告されればAIは胃が痛い要因を判定するが、そもそも痛いのは胃ではなかった場合、アルゴリズムとして判定していくのは難しくなる。医師は、インプットデータが正確かつ十分であるかを検証している。その患者がどのような状態なのか、あらゆる機微を感じ取るコミュニケーションのケイパビリティは「ソーシャルインテリジェンス」であり、医者がヒトでなければ担えないとされている理由の一つといえる。

将来的には、胃が痛い理由が他にあるという事例がデータとして蓄積されれば、言語や画像以外の欠落した情報を推定し、AIが判断できるようになってくるだろう。今後、制度変更や技術革新によって、現状では置き換えが困難な仕事（薬の処方や施術など）にAI・ロボットがより導入されるようになったとしても、医師には正しい情報をソーシャルインテリジェンスによって取得することが求められ、診断に占めるAIの比重は高まることになるかもしれない。

患者の病気が正確に診断され、その患者個人に照らして有効な治療方法がリストアップされたとしても、医療サービスとしては完成しない。実際に治療するためには、患者が納得して治療方法に同意し、取り組むことが不可欠である。AIは詳細な情報を提供することができ、必要なら音声で対話することもできる。しかし、患者が同意するプロセスには、患者個人の状況を踏まえて納得度

を高めるコミュニケーションが不可欠であり、また患者の医師個人に対する信頼感が大きく作用する。

得意領域で役割分担

　画像診断などの業務はAIやロボットに任せ、医師は患者とのコミュニケーションを担う。つまり、それぞれの得意領域で役割分担している。

　CTスキャン画像から肺がんを検知するソリューションを開発した米国のスタートアップ・Enlitic社はまさにその役割分担のために技術を使うと言っている。「医師は、1人の患者のCTスキャンを診断するのに10～20分、その診断レポートを執筆するのに10分程度を費やしている。当社のシステムを利用すれば、CTスキャンの診断時間を半分にすることが可能で、残った半分の時間を、臨床や研究といったヒトがヒトでこそ果たせる業務に充てることができるようになる」という。

2-4-2 窓口業務：「デジタルの補完」と「人間関係の構築」が人の役割

　サービス業のフロント業務でも既に仕事の変化が起こっている。例として銀行の窓口業務を想定してみよう。

マニュアル業務はAIの「対象認識」と「判定」で自動化可能

　既に、ATM（現金自動預け払い機）やインターネットバンキングによって、銀行の窓口業務の多くが自動化されつつある。今や、店舗に行かずともオンラインで（人と接することなく）口座を開くことも可能である。インターネットバンキングだけで完結した銀行も国内外で登場しつつある。つまり、マニュアルや蓄積された専門知識に基づいてこれまで人が行ってきた業務（例えば、顧客の要望に応じて適切な種類の書類を作成して内容をチェックするなど）は、おおむねAIの「対象認識」と「判定」を駆使して自動化することが可能になりつつある。

マニュアルや専門知識に基づく窓口業務の大半をAIが担うことができるようになると、大多数の顧客に対してはAIで自動化したサービスを提供すればよくなり、窓口に多くのフロント人員を配置する必要はなくなる。すると、フロントの銀行員に求められる業務内容は、より人にしかできないものに特化することになる。その姿は「デジタルを補完する役割」と、「人間関係を構築する役割」の2つに変化するだろう。

人の役割1：デジタルの補完

デジタルを補完する役割とは、インターネットバンキングなどテクノロジーの利用に精通していない顧客に対して、その利用方法や細かな手続きの意味合いを教えるものである。操作に不慣れな顧客、高齢者や障がい者などに対し、ATMやインターネットバンキングの利用を補助するスタッフである。従来は、店舗にいる銀行員がテクノロジーの使い方を教えてきたが、今後は、コールセンターやチャットなどを使う新たなサポートスタッフが、デジタルを補完する役割を果たしていくだろう。また、発生頻度が低い手続きや事象については、あえて自動化をせずにコールセンターなどで人が個別対応することも想定される。

人の役割2：人間関係の構築

もう一つの役割である人間関係の構築は、人の直感・身体性・感性を動員した「おもいやり」「おもてなし」「ホスピタリティー」といったヒューマンタッチ（ハイタッチ）なサービスの提供によって、個人間の信頼関係を構築するものである。以前から、銀行は富裕層に対して資産管理などハイタッチのサービスを提供してきた。こうした営業では、銀行員は、ソーシャルインテリジェンスのケイパビリティに含まれるコミュニケーション能力とともに、顧客ごとに異なる個性に対応する、つまりマニュアルに頼らない非定型の能力を活用することになる。

窓口のフロント業務が自動化されると、こうしたハイタッチの営業を担える人員が大きく増強される。すると、従来は顧客の自宅に訪問していたような上位の富裕層だけではなく、より広い中堅層の顧客に対して、店舗への来店やオンラインでの接客になるがハイタッチの接客を提供できるようになる。

すると、資産運用の担当者は、顧客から個人に対する信任を獲得したうえで、AIがハイタッチから得た顧客情報を加味して分析した提案商品やサービスを販売するといった新たな業務スタイルが実現する。その結果、従来のような短期的に営業成績を追求する顧客関係から、顧客とWin-Winの関係を維持しながら資産運用のパートナーとなり高いライフタイムバリューを実現できるといった効果が生まれる機会ともなろう。

2-4-3 ものづくり：AIは人の創造性発揮を支援

製造業におけるものづくりに関しても、AIと人間が協働するシーンが想定される。製造そのものの工程は第三次産業革命で既に高度にオートメーション化されており、第四次産業革命では管理やラインビルドといった領域での情報化が進展する。

AIの認識力・判定力が、人の創造性を支援する

ここまで進むと、コストや効率性に違いが出にくくなり製造段階での差異化は難しくなるため、商品企画における創造性、製造工程やサプライチェーンをデザインする段階での創造性、製造工程の実情を熟知しているからこそ立てられる現場仮説での差異化を求める流れが強くなると想定される。

例えば、新たな製品を開発する際、どのようなものを作るべきかを考えるための検討材料として、AIはその「認識」能力や「判定」能力を生かしてトレンド情報などをSNSの投稿などから集めてくる。また、既存のマーケットデー

タなどから、ターゲットとなる顧客属性に有効な機能の傾向を定義する。顧客の声（VoC）であるテキストデータを用いることで、ニーズのある機能や外見の組み合わせを大量に出力することができるかもしれない。

「現在世の中に存在しないもの」は人のケイパビリティから生まれる

しかし、それらの要素を最終的に「製品アイデア」として仕立てるイノベーティブな能力は、人間の持つケイパビリティである「創造的思考」でしか担えない。良いアイデアを生み出すためのプロセスは定式化されておらず、恐らく人によってその機序は様々であり、過去の記憶や身体感覚、感情なども絡んでいると思われる。それらの中にはそもそもデータ化が難しい要素もあるし、データ化できたとしても一般性のあるモデルとして成立しないことも大いに考えられる。

また、イノベーションが生み出すのは「現在世の中に存在しないもの」であり、既存のデータから答えを出すAIの処理プロセスとは相性が悪い。「世の中の多くの人が現在欲しがっているもの」をAIが定義することはできても「世の中の誰も見たことはないが、実物を見せられると欲しいと感じるもの」を発見することは難しい。

AIは自身でゴールそのものを設定することはできず、またゴール達成のためのデータ群をデータ化されていないものまで含めて自ら定義することもできず、既存のデータとロジックで表現し得ないものを生み出すこともできない。一方で、業務の中の定式化できるプロセスを担うことで、人間が人間にしかできない業務により多くの時間を割くことができるようになり、より新規性のある商品の開発や、早いサイクルでの市場投入の実現につながる。これは製造業におけるAI活用の一例でしかないが、このように人間とAIが共存することで、より付加価値の高いアウトプットにつなげられるようになるだろう。

2-4-4 付加価値を高めることが人の仕事

　本章では、AIは万能ではないので得意な領域を任せ、AIが不得意な領域では人が引き続き活躍するという共存の姿を提唱した。大事なのは、AIとヒトの共存によって仕事の中身を積極的に変えていくことである。既に多くの領域で、技術革新によって業務の機械化が起こり、仕事が変わってきたが、そこで仕事そのものが消えてしまうのは極めてまれである。ICカードが登場したことで駅の改札できっぷを切るという業務はなくなったが、「駅員さん」の仕事がなくなったわけではなく変化したのである。それは恐らく、きっぷを切ることよりはより創造的で、ソーシャルインテリジェンスが必要で、非定形な対応が求められる業務であろう。

　こうしたAI・ロボットとの共存によってもたらされる仕事の変化は、多様な形で付加価値を高めることにつながっている。医師による診断の事例では、同じ成果を実現する前提でその手法においてAIと役割が分担されるとともに、医師は新たな業務に時間を投入できるようになり、より多くの成果を出すことができる。銀行窓口業務の事例では、AIの能力によって従来の窓口業務は自動化されデジタルを補完する業務が人に残る一方、以前よりも多くの富裕層・中堅層に対して人ならではのハイタッチ営業に基づく信頼関係を構築できるようになる。製造業のものづくりの事例では、人が創造的な業務に注力できるようになった結果、組織のイノベーションを実現している。

　人がAIを活用した結果もたらされる効果は様々な角度から評価できるが、どのように仕事を変化させているか、それにより得られる効果は何かを考えたうえで、自分が注力すべきケイパビリティを見極め、あるべき未来の業務を創出していく視点が重要である。

2-5 事例 ソニー・インタラクティブエンタテインメント

　第2章の最後に、ソニー・インタラクティブエンタテインメント（SIE）の事例を取り上げる。AI時代のケイパビリティをもった人材が集まり、お互いの個性を発揮することでイノベーティブな組織をつくっている。

尖った人材を雇い自由な発想の下で活躍させる文化

　SIEは、PlayStationをはじめとするハードウエア、ソフトウエア、ネットワークサービスを提供するソニーグループの1社である。ゲーム・ネットワークサービス事業はソニーグループで最大の売り上げ・利益規模を誇る中核事業であり、米国カリフォルニア州のベイエリア（シリコンバレーに近いサンマテオ）に本社を置き、グローバル市場で成長を続けてきた。

　ソニーグループには、「人のやらないことをやる、という"like no other"」の企業文化がある。とがった人材を雇い自由な発想の下で活躍させる文化である。それはベイエリアの法人であるSIEにおいても同様であるという。イノベーションの創出は体系化できるものではなく、社員がやりたいことを声に出し、実際に形にしていく、そうした具体的な姿を示すことが重要と考えられている。例えばソニーグループ本社で実施されている社内新規事業制度のシード・アクセラレーション・プログラム（SAP）はそうした施策の一つといえる※。

※2019年からは、ソニー・スタートアップ・アクセラレーション・プログラム（SSAP）として、オープンイノベーションの創出という要素がより強くなっている。

　SIEにおいても、こうしたソニーグループの企業文化・マネジメントが反映されている。組織内でイノベーションを起こる状態をつくるために、とがった

人材、各分野のスペシャリストを採用し、そうしたスペシャリストたちが集まるようにしている。

SIE は米国企業のスタンダードであるジョブ型採用

　米国の企業は基本的にジョブ型である。多くの会社には似た職位があり、似た職務内容がある。もちろん各社においてアンカージョブとなる不可欠なポジションもあるが、職務に人材を当てはめていくのがスタンダードである。例えば、人事業務において人材管理のソリューションを導入・活用していく際には、そのソリューションの専門性を持った人材を登用する。企業に入ってから学ぶのではなく、その道の実績を持つ専門家をそのジョブにあてはめる。こうして様々な分野でとがった専門性を持つスペシャリストが集結していくのである。

　米国に本社を置くSIEはジョブ型である。ソフトウエアエンジニアであっても、マネジメントポジションであっても、バックオフィスであっても、必要な機能に必要な人材を登用し、その職務を全うする。

　このとき重要なことは、良い人材が活躍できる環境を整えることであるという。具体的には、その人材が活躍できる特定のプロジェクトが用意できている、働きたくなるようなオフィス環境やインフラが整っている、高い給与水準が提供される、などだ。特にベイエリアでは多くのIT関連企業が集積し、優秀な人材も豊富に集まっている。キャリアとしてジョブチェンジは当たり前の環境であり、こうした工夫がなければ、流動性の高い市場で人材獲得競争に勝ち残ってはいけないという。

SIE の人材採用と評価

　採用においては、自社に必要な人材のスキルセットを洗い出し、有能な人材のリストを作成し、人事担当者自らが勧誘する。良い人材を集めるために人事部が良い支援者となり、候補者と密に接点を持ち、丁寧に面倒をみる。そうし

て、既に第一線の経験とスキルを有するスペシャリストである人材、また、そうなれると見込める人材を雇用する。

　人材の評価においては、実績と行動の両輪が重視される。自分が立てた目標に対する成果の再現性を見ており、売上額などその時の運で決まってしまうような指標だけで人材評価をしない。あくまでも一人ひとりの従業員がどこまで目標を達成できたのかを重視している。

　会社としてのビジネスゴールがあり、その達成のために必要な組織はどういったもので、そこに必要な人材はどういう役割なのかという発想になる。それを定義することで、どのような人材が組織に必要なのかが分かり、そのジョブを全うできる優秀な人材を探しにいく。同時に、そうした人材が働きたくなる環境を用意する。結果として、とがったスペシャリストが組織に集まり、イノベーションの創出につながるのである。

In the digital future How will it change?

AI と共存する人の進化

3-1 イントロダクション

　第2章では、AIが果たす機能を踏まえたうえで、万能ではないAIに任せられるのはAIが得意とする分野であって、AIが不得意とする分野では人が活躍することを説明した。それは、人とAIが共存する将来像である。ただその共存は、現在の業務内容そのままに、人とAIの分担を決めるという"仕分け"ではない。

　第1章で述べたように、産業革命が起こると花形産業が移り変わり、労働者に求められる業務内容も大きく変化する。人とAIの共存は、第四次産業革命のデジタル化を踏まえたうえでの分担である。第2章にて、AI時代に人に残るケイパビリティは「創造的思考」「ソーシャルインテリジェンス」「非定型対応」の3つだと説明した。第3章ではこのようなケイパビリティに注目し、AIとの共存で求められるケイパビリティを個人はどのようにして身に付ければいいのかを掘り下げていく。

第四次産業革命を踏まえた「人に求められるケイパビリティ」

　「未来の雇用環境で生き残るための能力」「21世紀に求められるスキル」「AIやデジタルを使いこなせる人材像」などについては、既に多くの提言がある。第3章で紹介する内容はこうした先人たちの業績と重複する部分があるが、第四次産業革命という社会の動きを踏まえた労働力の分布、個人のケイパビリティ、組織の位置づけという3つの非連続な変化を一体的に解析して提言する点が異なる。そのため、先人たちの提言との重複を恐れずに、統一された用語で、相互の関係性を考慮したうえで、人に求められるケイパビリティについてフレームワークを構築しよう。

英国オックスフォード大学による研究が示すもの

　まずは、世の業績として英国オックスフォード大学によるケイパビリティの研究を紹介する（詳しくは3-2で説明）。定量データを使った分析からは、自己のケイパビリティをアップデートする実践スキルや、独創性、アイデアを量産する能力といった「将来求められるケイパビリティ」が統計的に有意な裏付けをもって導かれている。

　この研究は大変有意義であるが、その示す内容は、「現時点で存在しているケイパビリティから将来役立つものを抽出している」ことに注意したい。個人のケイパビリティは、時代とともに構成する個別スキルが入れ替わっていく。だからといって、未来に登場するであろう重要なケイパビリティを特定するといった予測は、どこかで分析者の主観が介入せざるを得ず、もはや予言のたぐいである。

　そこで、今はないケイパビリティの項目を補う視点から、本章では個人のケイパビリティを構成する3つのグループ（「機能的スキル」「運用スキル」「コンピテンシー」）を見いだし、デジタル時代には「運用スキル」や「コンピテンシー」に注目が集まるという潮流を分析する（詳しくは3-3で説明）。

リカレント教育の重要性が高まる

　ケイパビリティの項目が時代とともに入れ替わるということは、個人に求められるケイパビリティも移り変わるということである。では、環境の変化に対応して、自分自身のケイパビリティを更新し続けるにはどうしたらよいだろうか。

　教育課程だけではなく社会人生活を通じて、言い換えれば生涯にわたってケイパビリティを磨き続けるには、今とは比較にならないほどリカレント教育の重要性が高まる。積極的に自分を磨く人ばかりではなく、多くの労働者は受け

身であるという日本の現実を踏まえたとき、リカレント教育を実現するハードルは高い。こうした課題を解決していく仕組みづくりについても提言を試みている（詳しくは3-4と3-5で説明）。

　個人のケイパビリティを更新し続けることもまた、人とAIが協働する対象であって、「HR Tech」を活用した仕組みづくりが始まっている中で、組織単位のデータ管理から、個人単位で自己のデータを持ち運ぶ時代を到来させる必要性を示す（詳しくは3-6で説明）。

3-2 オックスフォード大学の調査

2030年に必要となるケイパビリティ

　未来に必要になる個人のケイパビリティは何か。英国のオックスフォード大学では「The Future of Skills: Employment in 2030」の論文にて、2030年に必要となるケイパビリティについて米国と英国の社会情勢を踏まえたうえで分析している。

　具体的には、職業データベースであるO*NETの定義に従い、個人のケイパビリティを計120のSkill（スキル）、Knowledge（知識）、Ability（能力）の3つに定義し、それぞれの特徴を基に、将来の社会に求められる需要との関係を分析している。**図表3-1**は、米国と英国において、将来的に需要があると見なされている上位10のケイパビリティを示している。

行動に伴うスキル、能力、コンピテンシーが上位に

　米国と英国の双方に共通して需要があるとされているのは、「Learning Strategies Skills（義務教育・生涯教育における学習・教育の実践スキル）」「Originality Abilities（アイデア創出と問題解決における独創性）」「Fluency of Ideas Abilities（アイデアを量産する能力）」である。こうした独創性や発想力は、常に新しい価値創出・実現を求められる社会において不可欠な要素であろう。また、「Systems Evaluation Skills（目的を達成するためにシステム性能を改善する指標・手段を選定するスキル）」「Complex Problem Solving Skills（複雑な問題を理解し、関連譲歩の分析から解決策を見極めるスキル）」は、具体的に問題・課題を解決していくために重要となる。

　上位にあるものはSkill（スキル）とAbility（能力）が多くを占め、Knowledge

米国	英国
1 Learning Strategies Skills (義務教育・生涯教育における学習・教育の実践スキル)	1 Judgment and Decision Making Skills (検討・意思決定力)
2 Psychology Knowledge (他者による言動の背景事情を理解する体系的知識)	2 Fluency of Ideas Abilities (アイデアを量産する能力)
3 Instructing Skills (他者に方法を教えるスキル)	3 Active Learning Skills (日進月歩の分野で新たな情報から洞察を得るスキル)
4 Social Perceptiveness Skills (他者の反応を認識し、その言動の背景事情を理解するスキル)	4 Learning Strategies Skills (義務教育・生涯教育における学習・教育の実践スキル)
5 Sociology and Anthropology Knowledge (人の集団が持つ行動原理を理解するための人文系の知識)	5 Originality Abilities (アイデア創出と問題解決における独創性)
6 Education and Training Knowledge (教育・効果測定の方法に関する知識)	6 Systems Evaluation Skills (目的を達成するためにシステム性能を改善する指標・手段を選定するスキル)
7 Coordination Skills (他者の言動に応じ、自分の言動を調整するスキル)	7 Deductive Reasoning Abilities (普遍的な知識を活用して具体的な問題を解く能力)
8 Originality Abilities (アイデア創出と問題解決における独創性)	8 Complex Problem Solving Skills (複雑な問題を理解し、関連情報の分析から解決策を見極めるスキル)
9 Fluency of Ideas Abilities (アイデアを量産する能力)	9 Systems Analysis Skills (システムのあるべき姿を設定し、条件・環境による影響を評価するスキル)
10 Active Learning Skills (日進月歩の分野で新たな情報から洞察を得るスキル)	10 Monitoring Skills (人・組織のパフォーマンスを観測・測定し向上・改善につなげるスキル)

図表3-1　将来的に需要があるケイパビリティ

ケイパビリティの内容を理解しやすいよう、同論文における言及内容を踏まえて意訳しているため、日本語文献がO*NETに関して逐語的に和訳している項目名とは一致しない。出所：「The Future of Skills: Employment in 2030」を基に筆者作成

（知識）は少ない。個別領域の知識の有無よりも、行動に伴う具体的なスキルや能力、コンピテンシーといった特徴のあるものが挙がっている。考えてみると、職業の自動化可能性分析において、AI・ロボットなどに自動化されない仕事の特徴として挙げた「創造的思考」「ソーシャルインテリジェンス」「非定形対応」の各要素との関係が強いとも見ることができる。

ここで特筆したいのは、Learning Strategies Skills（義務教育・生涯教育における学習・教育の実践スキル）、Active Learning Skills（日進月歩の分野で新たな情報から洞察を得るスキル）という「学び続ける力」である。仕事の中身が変わっていく未来に向けて、新しいスキルや知識、能力を身に付け、それを発揮していくことができるケイパビリティを持った人材は、社内に求められる人材として重宝されていくだろう。

　留意しておくべきことは、あくまでこの分析はO*NETの職業データベースに準じた要素で分析をしていることだ。すなわち、現在存在している仕事に基づいてケイパビリティを定義し、それが将来的にどう需要が高まるかを見ている。つまり、将来新しく生まれる仕事や、新しく定義されるケイパビリティは含んでいない。将来予測において現状のデータを使うのは致し方ないが、5年先、10年先の時点で改めて将来を予測すれば、また違ったケイパビリティが世の中に必要になるとされているかもしれない。

将来現れる仕事を考察

　研究では、将来に新しく現れる仕事の姿も考察している。将来的に必要とされるであろうケイパビリティを踏まえ、統計分析の中でそれらと関係の近い職業群を抽出し、そこから想起される架空の仕事の姿を提示している。

　例えば米国では、ペットケアマネージャー、マッサージセラピスト、介護士、ハウスキーパー、訪問看護士といった「ケアマネジメント」のカテゴリーに将来的な大きな需要があるとされた。このカテゴリーは、現状では必ずしも高いスキルを要求せず賃金水準が高くない職業群であり、米国では人種・性別、また政治の問題が組み合わさり、相対的に地位が低く、雇用条件が不安定な仕事と見なされている。

　しかし、対人的スキルの重要性や多様な専門的知識と経験を有するタスクの

集合としてケアマネジメントに類する仕事の重要性は、将来的な需要の高まりにつながってくると分析では示されている。将来的に必要となるケイパビリティは、将来的に社会に求められる仕事の姿を示しているのである。

3-3 人のケイパビリティ

3-3-1 ケイパビリティとは

　ここで改めて、「ケイパビリティ」とは何かを説明しよう。AIと共存する未来に人に求められるケイパビリティは、「創造的思考」「ソーシャルインテリジェンス」「非定型対応」だと述べた (2-3-2参照)。このうち、例えばソーシャルインテリジェンスの分野を考えると、よく「コミュニケーション能力が重要だ」と言われるものの、具体的に考えれば「聞き上手」もいれば、「たとえ話で納得させるのがうまい人」や「論理的な説明が分かりやすい人」、さらには「人柄でカリスマとして信頼される人」など具体的な能力は様々である。このような人の具体的な能力を、本書では「ケイパビリティ」と呼んでいる。

ケイパビリティの3グループ
　ケイパビリティは多種多様であり、読者それぞれのケイパビリティを語るならば、各人がもつ個別のケイパビリティについて具体的に語る必要がある。しかし、人によって秀でたケイパビリティが異なるというのが本書の立場であるため、具体的なケイパビリティの一つひとつについて解説することは難しい。こうした事情から、踏み込んだ議論をするには、個々のケイパビリティではなく、似た性質のケイパビリティをグループ化するとよい。本書では、ケイパビリティを「機能的スキル」「運用スキル」「コンピテンシー」の3つのグループで捉えることを提案する (**図表3-2**)。

ケイパビリティのグループ1：機能的スキル
　タスクを遂行するための個々のケイパビリティが「機能的スキル」である。言い換えれば、ある「スキル」は一つの業務を遂行するために必要となる複数

コンピテンシー
モチベーションや
マインドセット

機能的スキル
タスク遂行の
ための
ケイパビリティ

運用スキル
適切な
機能スキルを選ぶ
ケイパビリティ

図表3-2　ケイパビリティの3グループ
出所：筆者

のケイパビリティのうちの一つである。従って、業務領域ごとに中核となるスキルの種類と役割は異なってくる。古くは、「読み・書き・ソロバン」と言われた汎用性のある機能的スキルが重視されていたが、新たな業務領域が登場するにつれて「Pythonを書ける」や「傾聴力」といった新しい機能的スキルが登場している。

　中でも、デジタル領域において重宝される機能的スキルは、アプリケーションやサービス、さらにはコンピューター言語の栄枯盛衰によって入れ替わっていく性質を持つ。このため、「今、必要とされるスキルはコレだ」といった宣伝文句に引かれて、あるコンピューター言語に特化した機能的スキルを身に付けたとすると、その時点で重宝するデジタル人材になることはできるけれども、新たなコンピューター言語を採用した新たなクラウドサービスが登場して市場を席巻すれば、たちまちデジタル人材に求められる機能的スキルは入れ替わってしまう。

　このように、生涯にわたってデジタル人材として食べていけるような、具体的な機能的スキルはなかなか存在しない。

ケイパビリティのグループ2：運用スキル

　実際の業務は一つの機能的スキルで成り立つことは少なく、他の様々な機能的スキルも併用される。すると、自分が持っている機能的スキル群のうちどれが有効かを局面に応じて見極め、他のどの機能的スキルと組み合わせればさらに効果的かを考える必要に迫られる。このようなスキルを適切に用いるためのスキルが「運用スキル」である※。

※「認知的スキル」「コグニティブスキル」などと呼ばれる場合もあるが、学問分野によって定義内容に差があるため、あえて独自の用語を用いる。

ケイパビリティのグループ3：コンピテンシー

　最後は「コンピテンシー」である。長期的な視点で取り組む業務（「ミッション」と呼ぶ）や、自分の担当範囲について責任を担う業務（「レスポンシビリティ」と呼ぶ）のように、自律性の高い業務（2つ合わせて「ロール」と呼ぶ）では、スキルを持つことに加えてモチベーションやレジリエンスといったケイパビリティが重視される。このような要素は、従来は"志"や"ストレス耐性"といった生まれつきの個性（ネイチャー）と捉えられがちであった。しかし、このような属人的な要素についても、後天的に習得したりコントロールしたりする方法論が蓄積されてきた。このことから、モチベーションやマインドセットは、「コンピテンシー」と呼ばれる後天的に学べる要素（ナーチャー）であると見なされるようになり、いまやケイパビリティを構成する重要な要素だと捉えられている。

　コロナ禍というネガティブな出来事が突発的に発生した中で、業務や事業の環境をコントロールしていくためには、レジリエンスというコンピテンシーが重要であるといった認識が広まったように思われる。このレジリエンスも、ストレス耐性という個性（ネイチャー）ではなく、リスクコントロールやリスクマネジメントを通じて培われた方法論によって習得可能なのである。

3-3-2 実例に見るケイパビリティ3グループ

では、「機能的スキル」「運用スキル」「コンピテンシー」の3つのグループがどのように組み合わされるのか、実際に見てみよう。

例えば、顧客への商品説明というタスクを例にとると、論理的な説明という機能的スキルによって商品の機能や特徴を顧客に理解してもらうことが中核となろう。しかし、顧客によってどのような特徴を重視して述べてほしいのか、機能の裏付けとなる技術をどこまで詳しく説明してほしいのかという希望は異なっており、適切に見極める必要がある。

さらに、どうして説明を求めているのか、まずは顧客の体験を聞いてほしいというケースもあり、その場合には傾聴スキルを先に活用するといった「運用スキル」が重要になる。クセのある顧客に対して腐らずにセールスを続けるためには、顧客のために、社会のためにといった人ごとに異なるモチベーションを持続することが必要であり、これが「コンピテンシー」に当たる。

3グループの境界線は明確に定義しにくいので、世の書籍では「すべてはコンピテンシーにつながる」といった具合に、その筆者が重視している要素を強調して語られがちである。しかし、重要なのは境界線の位置ではなく、人間のケイパビリティを「機能的スキル」「運用スキル」「コンピテンシー」という異なる3つのグループに分け、業務の内容や個人の得意分野に合わせて考えるということであろう。

3-3-3 将来必要とされるケイパビリティの予測

世の中には、「未来のスキル」とか「AI人材の要件」といった、将来必要とされるケイパビリティを予測したものがあふれている。このような予測には2種類ある。

(1) 今あるケイパビリティを基にした予測

　一つは、「今あるケイパビリティのうち、この先重要性が高くなるのはこれ」というものである。例えば、AIによる社会的インパクトについて野村総合研究所と共同研究したオックスフォード大学のオズボーン准教授は、その後「スキルの未来：2030年の雇用」に参画し、米国で標準的に利用されているスキル・知識のリスト（O*NET準拠）のうち、将来多くの職業で必要とされるものを定量的に予測している。OECD（経済協力開発機構）による「OECD Future of Education and Skills 2030」も同様である。この手法は、今ある分類を活用することで具体的な個別スキルに言及することができ、またデータに基づいた予測が可能というメリットがある一方で、今は個別の名称が与えられていないが今後は重要になってくるケイパビリティについては、把握することが難しいというデメリットがある。

(2) 今はないケイパビリティを含めた予測

　もう一つは、「今はないケイパビリティも含めて、将来重要性が高くなるのはこれ」というものである。例えば、世界経済フォーラムが発表した「仕事の未来2018」や、国際団体ATC21sが提唱する「21世紀型スキル」は、どちらも粒度の大きい10のスキルが重要になると提言している。フェニックス大学によるFuture Work Skills 2020は、細かい粒度で10のスキルを選んで提示している。この手法は、今ある分類にとらわれず将来必要となるケイパビリティを分類して追加できるメリットがある一方で、世の変化を裏付けとした大きな方向性は示せるものの具体化されていない場合や、具体的ではあるけれども裏付けとなるデータが示しにくいといったデメリットがある。

　どちらの手法であっても、将来のケイパビリティを、具体的かつ裏付けをもって詳細に語ることは至難の業であり、目にするリストが持つ限界を理解したうえで活用することが必要になる。

3-4 ケイパビリティ・セルフマネジメント時代

　では、デジタル時代を生き抜くためには、自分自身のケイパビリティをどのように捉えればよいだろうか。本節では、生涯にわたって一つの企業で働き、その企業から業務を通じた人材育成を受けるというモデルが崩れつつあることを最初に指摘する。代わって、ケイパビリティ・セルフマネジメントの時代が到来することを提示する。

3-4-1 日本企業のモデルは崩れつつある

　これまで日本企業は、高校・大学を卒業して就職した会社で、定年退職するまで働き続ける長期雇用が前提とされてきた。こうした前提があるから、新卒学生を長期間かけてOJT（オン・ザ・ジョブ・トレーニング）で育成すればよかった。しかし、ビジネス環境の複雑性が高まり、変化のスピードが加速の一途をたどる状況においては、大量採用した人員を自社で長期間かけて育成する従来モデルが適合しなくなり、状況に応じて柔軟な人材活用を行わなければならなくなってきた。

　すると、長期的視点でジェネラリストの新卒学生を育成するのではなく、今必要とする人材を中途採用するという変化が生じる。中途採用の増加は転職率の増加であり、結果として雇用の流動性が高まることになる。人材の流動性が高いということは、企業が従業員を育てても他社に転職してしまう可能性が高いということであり、企業にとって長期的な視点で人材育成に多大な投資をするインセンティブが低下する可能性がある。

　もちろん、労働者は人材育成に積極的な企業を選択する傾向があるので、企

業が人材育成を完全に放棄することはない。だが、個人の育成を、所属している企業がOJTを基本として長期的に担っていくモデルが崩れることは確かである。

3-4-2「自分を育成するのは自分自身」という流れに

こうした状況においては、これまで以上に個人が自身のケイパビリティを適切にマネジメントしていくことの重要性が高まるだろう。日々刻々と変化していくビジネス環境の中で、自身のキャリアにとっての目的意識を定め、それを達成するために備えるべきケイパビリティを戦略的に検討していくことが求められる時代が近づいてきているのだ。例えば、次のようなことをセルフマネジメントする。

- 自分は3つのグループの中のどのケイパビリティに秀でているのか。
- 得意なケイパビリティは、自分の今の業務に合っているのか。
- 人に求められる将来の業務においても役立つケイパビリティは何か。
- もし、新たなケイパビリティを習得する必要がある、今よりもケイパビリティを向上させる必要があると自己認識したとき、どのようにして磨けばよいか。

「自分を育成するのは自分自身」という流れは、自分から積極的にスキルアップに取り組むような人にとっては好機到来である。一方で、自分が向かう未来が見通せない人や、ケイパビリティを磨く必要性は分かっていても、なかなか一歩を踏み出せない消極的な姿勢の人にとっては、世の変化から取り残されるリスクが高まったとも言える。

例えば、義務教育の段階から高等教育、就職先、転職先までの来歴を一元化された形でデータ解析を行うようなシステムがあれば、自分に似た経歴を持つ

人々がどのような分野で、どのような経路をたどって活躍しているのかを知ることができ、現時点の自分からキャリア上のゴールまでの道筋を明らかにすることができるかもしれない。あるいは自分の性格上の特性や行動パターンから、身に付けやすいケイパビリティとそうでないものを仕分けることができるかもしれない。

　当然ながら企業もこれまで以上に人材の管理方法を磨き上げる取り組みを行っていくだろうが、デジタル時代においては企業が提示する社員教育プランに唯々諾々と従っていても、ある日突然ビジネス環境が変わってしまいキャリアが途絶することも考えられる。また、企業にとっても被雇用者のキャリアプランが明確である方が、自社の現時点での方針にマッチしているかどうかを判断しやすくなる。企業においてはHR Techと呼ばれる人材マネジメントシステムがこれまで以上に活用され、企業間の人材の流動性を高めるために社会全体での人材流通インフラが整備されるようになる。

3-4-3 人材開発の主導権は企業から個人に移る

　過去の日本社会のように、人材教育を企業が担い、長い目で育てていく方法は選択されなくなる。今後は個人におけるゴール意識と、ケイパビリティ・セルフマネジメントの結果、企業における人材戦略、社会全体での人材ニーズが相互に関係するフレキシブルな雇用環境になっていくであろうし、その中では個人がしっかりと自身の戦略を持つことが重要になってくる。人材開発の主導権は企業から個人に移り、個人は自分なりのケイパビリティをどのように育てていくのかによって、達成できるキャリアがこれまで以上に大きく変わってくるようになるだろう。

3-5 リカレント教育で習得するケイパビリティ

　AIと共存する時代に人が担うべき分野は、AIの技術発展によって変わり得るし、デジタル化する社会や産業の構造変化の影響も受ける。さらに速いスピードで変化していく社会の中で、私たちは、人間ならではの価値につながるスキルを身に付けていく必要がある。

　では、人はどのようにして生涯学び続け、自らのケイパビリティを更新し続けていくのだろうか。働くうえで時代に合ったケイパビリティを更新していくために必要になってくるのが「リカレント教育」である。ここでは、リカレント教育の重要性と方向性を描いてみよう。

3-5-1 リカレント教育とは

　リカレント教育とは、学校教育を終えて就職した後、必要に応じて大学や大学院などの教育機関に戻って学習を続けるといった、生涯にわたり学びとキャリアを繰り返すことを指す。現在、生涯学習という言葉を使うと、ややもすれば社会人が業務外で趣味の学習をしているようなイメージをもたれる。しかし、AI時代には、いずれの勤め先、職業、職階においても、自らの業務に直結したケイパビリティをアップデートするために、リカレント教育を受け続けることが求められる。

デジタル人材の2種類の育成方法

　ケイパビリティのアップデートの方向性としては、AI時代に合った新しいスキルを習得すること（「リスキル」と呼ぶ）と、自ら既に有する技能・能力をレベルアップすること（「スキルアップ」と呼ぶ）の2つの方向性が考えられる

デジタル人材の2種類の育成方法

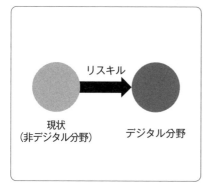
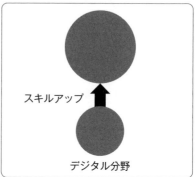

図表3-3　デジタル人材の２種類の育成方法
出所：筆者

（**図表3-3**）。リカレント教育を通じてリスキルとスキルアップし、自身のスキルを複数身に付けていくことは、個人内多様性（イントラパーソナルダイバーシティー）を向上させてイノベーションの推進に寄与し、昇進や転職するうえで自らの市場価値を高めることにもつながる。

学習ストラテジーを持つ人、持たない人

　リカレント教育を通じてケイパビリティをアップデートすることができれば、新しい価値の発見・実現をする手段を獲得することができ、かつ既存業務であっても大幅な改善をすることができる。そのような、いわゆるイノベーション人材は、学習意欲を維持し、"学習ストラテジー"を備え持つことができている人材といえる。彼ら彼女らは、自分のケイパビリティのアップデートに余念がなく、常に学び続けることができる人材層である。

　ただし、働く人全員が、新しい知識、スキルを習得するための"学習ストラテジー"を持っているわけではない。ましてや、学習意欲を常に持ち続けることは容易ではない。リカレント教育の利点は、現時点ではイノベーション人材

からは程遠いと自覚している人であっても、イノベーション人材が後天的に習得したスキルを身に付けていくことで、自らもイノベーションを推進することができる人材に変貌できる可能性を秘めていることにある。

　個人は所属する組織で提供される職場経験や研修にとどまらず、自ら率先して外部機関でのリカレント教育プログラムに参加するといった姿勢を持つことが求められる。一方でリカレント教育を受けることが人々にとって当たり前になる世の中では、イノベーション推進が必須となる企業は、リカレント教育の仕組みを取り入れることが従業員のロイヤルティー形成にもつながることを意識する必要がある。

3-5-2 イノベーション人材に求められるコンピテンシースキル

　経済産業省の「企業のオープンイノベーション推進における人材マネジメントに関する調査」報告書によると、イノベーション人材に求められるコンピテンシースキルは**図表3-4**の通りで、「先天的に求められる素質」と「育てることができるスキル」に分けることができるという。

先天的なものと後天的に習得可能なもの
　イノベーション人材が先天的に求められるコンピテンシー、例えば、新しく出合ったものに気付くことができる力（知的好奇心に沿って幅広く情報を収集し、そこから新しいものを見つけ、自ら課題や仕事を設定する力）や、利他精神・イノベーションへの情熱（社内・社外の仲間を引き付ける利他精神。事業や社会課題解決への情熱）は、社会人になるまでの経験やアイデンティティー形成の中で育まれることが多く、社会人になってからの習得は難しい。一方で、イノベーティブ人材が経験や学習による後天的に習得するスキルは、元来イノベーティブでない人であっても、後天的に身に付けていくことが可能である。

イノベーション人材に求められるスキル・コンピテンシー		企業内における育て方（例）	その他組織における育て方（例）
先天的に求められる素質（採用において検討すべき要素）	新しく出合ったものに気付くことができる力	（個人の興味関心に依存する部分が大きい）	—
	利他精神・イノベーションへの情熱	（個人の思想・特性に依存する部分が大きい）	—
育てることができるスキル（リカレント教育・人材開発において検討すべき要素）	リーダーシップ	PJTマネジメントの経験を蓄積させる	プロボノ活動への参画
	リベラルアーツ	留学や研修によって多様な経験を蓄積させる	教育機関/MOOCでの学位習得
	事業・研究開発経験	技術開発部門への配置や、R&Dの経験を蓄積させる	他社への越境体験
	技術目利き力	技術開発部門への配置や、R&Dの経験を蓄積させる	他社への越境体験
	シナリオ構築力	プレゼンテーション・ネゴシエーションの経験を蓄積させる	教育機関/MOOCでの学位習得
	社内力学の理解	社内の様々な部署との連携を経験させる	—
	社外力学の理解	積極的に外部機関との関係を持つような機会に参加を促す	異業種交流会/勉強会/有志団体への参画
	リファレンスを外から得る力	業務内外のネットワーキングの機会を積極的に設ける	異業種交流会/勉強会/有志団体への参画

図表3-4　イノベーションを起こしていくうえで求められるコンピテンシースキル
出所：「企業のオープンイノベーション推進における人材マネジメントに関する調査」報告書（経済産業省）を基に筆者作成

リーダーシップは社外のプロボノ活動で習得

　図表3-4で示したイノベーションに必要なコンピテンシースキルをリカレント教育でどのように習得するのか、見ていこう。

　「リーダーシップ」は、目標に向かってチームを推進することのできる能力と、多様な関係者をまとめ信頼を集める人間性と定義している。このケイパビ

リティは、就労先ではなく、休日のプロボノ活動により、自分の専門知識や経験を生かしてプロジェクト経験を積むことで習得することができる。

「リベラルアーツ」は、専門分野を含めて幅広いテーマで考え、議論することができる力と定義している。このケイパビリティは、就労しながらも、専門学校や大学院で学位を習得することを通じて身に付けることができる。将来的には、特定の組織に所属していないフリーランスで働く人材であっても、スキルアップする意思さえあれば、Massive Open Online Course（MOOC）と呼ばれるオンライン教育コンテンツを利用することで公的な修了証書を得て、キャリアをステップアップされることが可能になる。

今後コロナ禍によるリモートでの働き方が一般化していくことを契機に、オンライン会議ツールが発達することで、講師と学習者がリアルタイムにオンライン接続し、チャットやビデオ会議、ホワイトボード、バーチャルクラスルームといった機能を活用してデジタル上でインタラクティブな学びによるスキルアップを志す人材も増えていくだろう。

主体性を持って学ぶ層は多くない

しかし、学ぶ環境が整えられても、必ずしも全員が主体的に学びを続けられるわけではない。リカレントに主体的に学びを続け、ヒトがヒトでこそ発揮できるスキルを磨き続ける人は多くない。むしろ、主体的にケイパビリティを学ぶ意欲が湧かず、結果的にケイパビリティが十分に身に付けられず淘汰される層が多数存在することが想定される。

コロナ禍の影響で経済が停滞し、失業者は増えた。その中でも、環境変化に柔軟に対応しケイパビリティを発揮できた人と、そうではない人の差は、学びによってケイパビリティを身に付けそれを発揮したかにある。不振にあえぐ飲食店の場合、いちはやくフードデリバリーサービスを導入してテイクアウト事

業にかじを切った店舗や、SNSを活用して販売チャネルを構築した店舗は生き残っている。キャッシュレス決済を導入することでドライブスルー形式での販売を実施したり、クーポンを発行して先払いの仕組みを構築したりする取り組みも多く見られた。

　これらの取り組みの可否は、当人のITリテラシーと無縁ではない。スマートフォンの使い方やネットサービスを活用するためのノウハウ本や講座のようなものは多々あるが、それを実際に手に取り使い方を学び、実践できている人は必ずしも多くない。今や、様々な教育・実務コンテンツがオンラインで視聴できる環境にあり、地域差を言い訳にできなくなっている。

　問題の本質は、学ぶ環境が整っていても、主体性を持って学べる層は多くないということにある。多数の学び続ける意欲がない人は、社会から切り捨てられ脱落せざるを得ない。環境変化に対応できず失業するか、AIやロボットに任せるよりはまだ人間に任せた方が安いという、付加価値の低い仕事をしていくのみになる。その未来は決して明るいものでないことは自明であろう。究極的には、先に挙げたスキルを持ちイノベーション創出を担える人材にならなければ、淘汰される側の人材であるということでもある。

3-5-3 ケイパビリティを有せば仕事を得られるエコシステム

　この対策には、主体性以外の要素による動機付けが必要になる。ケイパビリティを身に付けることが、価値として分かりやすく示され、それが評価されることで、インセンティブが働く仕掛けが用意されることである。人材がどのようなケイパビリティを有しているか、それをいつ・どうやって身に付けていったのか、そのログが記録され通行手形のように示すことができ、それをもって人材の活躍の場が用意されていく。その結果、仕事と報酬がついてくるエコシステムである。

リカレント教育に支えられるケイパビリティの時代が来る

　ここには、終身雇用に代表される、メンバーシップ型の日本的雇用システム（人に仕事を当てはめる）ではなく、ジョブ型の欧米式の雇用システム（仕事に人を当てはめる）という概念の浸透が前提になる。適材適所に、特定の仕事に特定のスキル（人材）を当てはめる仕組みである。もちろん雇用習慣すべてがすぐに変わるわけではないが、既にIT人材、経営人材を先駆けに人材市場は大きく変化しつつある。リカレント教育に支えられるケイパビリティの時代は、この潮流の先に確実に訪れるものであろう。

　重要なことは、ケイパビリティを学ぶ環境と、それを義務教育から始まって社会人生活を通じて個人の記録として蓄積・運用していく機能である。企業内部では、スキルや研修の記録を残すHR Techが導入されつつあるが、それでは企業の枠を越えて個人がデータを持ち運ぶことが難しい。さらに、大学と就職先の企業、さらに転職先の企業において、ケイパビリティを測る項目と基準が異なっていては、連続したデータとして役立てることが難しくなるため、社会全体で通用する項目と基準を用意する必要がある。

欧米では職業とひも付いたケイパビリティを定義

　米国ではO*NETという職業データベースが、EUではESCOというスキルのデータベースが、各職業とひも付いたケイパビリティを定義している。日本でも、こうしたケイパビリティを育て認証する役割が求められており、厚生労働省が整備しつつある日本版O*NETが実務で定着し育つことが不可欠である。そのためには、政府が主導するにしても、例えば人材派遣会社はその機能を担い得るポテンシャルを有しているだろうし、大学は職業訓練により特化して差異化を図ってもよいだろう。ビジネスチャンスとして捉えることができれば、社会はシフトしていく。

3-6 HR Tech

　日本の雇用慣行として長らく維持されてきた終身雇用・年功序列が維持できなくなり、雇用の流動性が高まりつつある中で、自身でケイパビリティをマネジメントしていくことが重要になっていくことは述べた。今後は、どのような学歴、キャリアで、どのような能力的な強みを持ち、どういったコンピテンシーを有しているのかといった情報はデータとして扱われるようになるだろう。

　採用する企業側からしても、今後固定的な業務だけを行っていくよりもプロジェクト型が多く、検討テーマによってメンバーを組成することが当たり前になる過程で、これまで以上に社員をデータによって判断していく機会が増えると思われる。人事にまつわる事象をデータやテクノロジーによって解決する「HR Tech」は、デジタル時代の人の働き方を考えるうえでより重要な概念になると考えられる。

3-6-1 人事プロセスによるHR Tech詳説

　図表3-5を使って、HR Techを説明しよう。「人材探し・採用」から「退職管理」に至る一連のプロセスは、従業員が企業に入社してからメンバーとして組織・チーム管理の対象となり、教育を受け、パフォーマンスやエンゲージメントを管理され、退職していくまでのライフサイクルを整理したエンプロイージャーニーと呼ばれるものであり、それぞれのプロセスにおいて既にソリューションが提供されている。また、そのような特定のプロセスに閉じずに提供されるソリューションとしては、従業員から企業へのフィードバックや心理状態を調査・分析するものや、人事関連オペレーション（人材データ管理、給与計算、勤怠管理など）を効率化するものなどが存在する。

人材探し・採用	新入社員の受け入れ	組織・チーム管理	教育・成長	パフォーマンス・エンゲージメント管理	退職管理
●有望人材の探索 ●採用活動	●新入社員向けの手続きや企業紹介	●社員同士のコラボレーション・コミュニケーション ●チームビルディング	●評価・フィードバック ●教育・学習	●パフォーマンス管理 ●ゴール設定と追跡 ●従業員エンゲージメント管理	●退職アラート ●退職時の手続き

測定・分析
●従業員アンケートなどを通じた企業へのフィードバック収集と分析

人事関連オペレーション全般
●人材データの管理、給与計算、勤怠管理など

図表3-5　HR Tech
出所：筆者

HR Tech 1：人材探し・採用

　「人材探し・採用」は現在でも多くのHR Techソリューションが登場しており、採用プロセスを効率化するプラットフォームや、機械学習を用いた候補者のマッチング、現社員とのつながりから候補者を探すシステムなどが登場している。本プロセスにおける課題意識としては、採用プロセスにかかる工数の削減と、より自社においてパフォーマンスを発揮できる人材の採用といったものがあり、前者はチャットボットの活用、後者はマッチング技術の高度化という観点でAIが寄与できるものと考えられる。

HR Tech 2：組織・チーム管理

　「組織・チーム管理」は現在でも社員と社内の組織・チームをマッチングするソリューションが登場しているが、「適材適所」でいかに効率的かつ高精度に行うかが課題となっている。今後は組織・チームの目的意識と社員のプロファイル情報（文化的背景、経歴、性格、目標、スキルセット、仕事の仕方など）、組織・チームの業務内容などの多様な観点をAIが認識し、より高度なマッチ

ングやレコメンドが行われるようになるものと思われる。

HR Tech 3：教育・成長

　「教育・成長」は、社員教育でもアダプティブラーニングやゲーミフィケーションの技術が採用されている例が登場しており、パーソナライズされた学習プロセスの実現が課題となっている。将来的には、学習プロセス内の成績情報だけでなく、社員の性格やスキルセット、適性、モチベーションなど、学習にまつわる多様な観点を加味したより精度の高いパーソナライズがAIによって実現するものと考えられる。

HR Tech 4：パフォーマンス・エンゲージメント管理

　「パフォーマンス・エンゲージメント管理」は近年重視されつつあるプロセスであり、従業員に対する上司やメンバーからのフィードバックを積極的に行うためのツールや、社員と企業の間の良好な関係性を管理してパフォーマンスの向上につなげるエンゲージメント管理ツールなどが登場している。働き方が多様化し、企業と個人の関係性の在り方が変化しつつある中で、社員と企業の関係性を常にポジティブな形で維持したり、パフォーマンスを最大化したりすることが課題となっており、将来的には社員の性格やモチベーションのタイプ、働き方のポリシーなどを加味した分析を行えるAIを搭載したマネジメント支援ツールが登場し、生産性やエンゲージメントの最適化につなげられる可能性がある。

3-6-2 HR Techの現在と将来

　HR Techは人事業務の効率化と人材運用の最適化が目的となっており、特に後者については社員一人ひとりに向き合うマネジメントの重要性が高まりつつある。その中で、社員のプロファイル情報など、多種多様な観点を考慮しながら分析し、最適解を導けるAIの活用はますます重視されると考えられる（**図表3-6**）。

	課題意識	現在のトレンド	将来像
人材探し・採用	●採用活動の工数削減・効率的な運用 ●自社のミッションや社員のプロファイルにマッチする人材の採用	●採用プロセスを効率化するプラットフォームや機械学習によるマッチングが登場 ●現社員とのつながりから候補者を探すシステムなども登場	●チャットボットやマッチングによる自動化と最適化の両立
新入社員の受け入れ	●欧米企業においては入社直後の受入プロセス(Onboarding)を重視	●工程管理や備品の発注、インストラクション用のコンテンツ作成・管理を一括で簡単に行えるソリューションが存在	●新規採用者のプロファイルや採用先チームの特性に応じたオンボーディングプロセスの個別生成・実行支援
組織・チーム管理	●自社のミッションや事業上のゴールに対して最適な組織設計やチーム組成を構築	●従業員のスキルや希望ロール、将来キャリアパスなどから最適な異動先をマッチングするソリューションが存在	●自社や組織のミッション達成のための人材観点でのチーム組成・マネジメント方針レコメンド
教育・成長	●パーソナライズされた学習方法の提示 ●最も効率的な学習プロセスの実現	●学習者のプロファイリングを行い、得意不得意をパーソナライズされた形で分析しながら最適な学習コンテンツをレコメンドするアダプティブラーニングが登場	●従業員の性格やスキルセット、モチベーションなどあらゆる観点を加味した、パーソナライズされた学習プロセスの提示
パフォーマンス・エンゲージメント管理	●従業員の生産性向上 ●従業員エンゲージメントの向上 ●福利厚生の最適化	●従業員へのフィードバックやコーチング、メンバー間のrecognitionなど、パフォーマンスを向上させるためのエンゲージメントマネジメントツールが存在 ●福利厚生を総合的に提供するプラットフォームも存在	●従業員の性格やモチベーション管理などと通じた生産性最大化、エンゲージメント最大化
退職管理	●組織から人材が欠ける際の手続きの効率化 ●組織への悪影響の最小化 ●将来の離職回避に向けた分析・対策	●退職する職員の手続きや書類などをスムーズに準備し、関連部署への連絡やアクセス権の削除、将来の離職回避のための原因分析など、一連の作業を実施可能とするソリューションが存在	●分析・離職回避策策定のサイクル高速化

図表3-6　HR Techの課題意識、現在のトレンド、将来像
出所：筆者

HR Techを推進するためには、「HRに関連するデータの体系化と収集・管理」を行うことがスタート地点になるだろう。HR業務の様々なシーンがデータによってつながっていくことで、HR Techは効果を増幅させる。

HR Tech活用のポイント

図表3-7は従業員が入社してから退職するまでのライフサイクルとデータの活用ポイントを示している。例えば採用時の情報は、受け入れ手順の最適化や

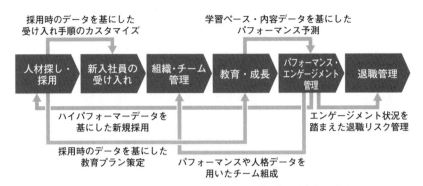

採用時のデータを基にした
受け入れ手順のカスタマイズ

学習ペース・内容データを基にした
パフォーマンス予測

| 人材探し・採用 | 新入社員の受け入れ | 組織・チーム管理 | 教育・成長 | パフォーマンス・エンゲージメント管理 | 退職管理 |

ハイパフォーマーデータを
基にした新規採用

エンゲージメント状況を
踏まえた退職リスク管理

採用時のデータを基にした
教育プラン策定

パフォーマンスや人格データを
用いたチーム組成

図表3-7　入社してから退職するまでのライフサイクルとデータ活用のポイント
出所：筆者

教育プランの従業員一人ひとりへのパーソナライズにつながる。パフォーマンス管理に関する情報は、ハイパフォーマーの特性を持った人を優先的に採用するような採用活動につなげられる可能性がある。組織・チーム管理についても、従業員プロファイルデータが充実していればより適切な配属が可能となるはずである。またエンゲージメントが低下している社員を早期発見できれば、退職リスクを低減することが可能になる。

　上記のような状況を実現するために行うべきことは、まずは自社の職務や目指すものについて「言語化・形式化」することである。データを有効な形で定義するには体系化が必要で、そのためにはまずは自社にどのような職務が存在しているのか、それらの職務の遂行や働き方に関する評価はどのように行われるべきなのか、企業としてどのような方向性を目指していきたいのか、といったことを言語化し、形式化されなければ、データとして体系立った整理を行うことは難しい。米国企業のジョブが「職務記述書」によって表現されるように、まずは暗黙のルールで運営されている企業活動の一つひとつを誰にも分かる形で表現していくことが、データ整備への第一歩になるだろう。

企業を横断したマッチングやパーソナライズが可能に

　データ整備の対象となるHR業務にまつわる情報は多岐にわたる。従業員に関する情報だけでも、来歴や保有スキル・資格、趣味・嗜好、モチベーションの方向性、キャリアの指向性、性格、文化的背景といった様々なプロファイル情報、勤務態度や成果・評価、学習状況などの働きぶり・パフォーマンスに関する情報、会社に対するエンゲージメントや心理状態などのメンタリティに関する情報が挙げられる。一方で、企業に関する情報としても、社内に存在する職務の体系化、重視している経営指標と従業員によるアウトプットと評価の関係性、キャリアパスとスキルセットのマッピングなど、整理・体系化を行って初めてデータ入力が可能になる。

　そのようなデータ整備が社会全体として充実してくれば、（一定以上の困難さは伴うものの）データの標準化が企業間で行われる可能性も高まり、上述したようなマッチングやパーソナライズが将来的には企業を横断して生じるようになることも考えられる。

　働き方と深い関わりのあるHR業務そのものについても、HR Techという形で改革の波が到来している。AIは業務の進め方の中身を変えることもさることながら、その業務を管理する仕組み自体にも入り込み、両方の面から最適化を担うことになるだろう。AIは単なる自動化ツールとして捉えるのではなく、業務遂行やその管理など、様々な局面で企業の運営そのものを変化し得るものとして捉える必要がある。

ミドルマネージャーになるために

　筆者らは、多国籍の多様な人材が活躍する様々な先進企業の人事担当者を招いて、AIと共存する未来に向けた課題と解決策について4回にわたってワークショップを行ったことがある。その際、共通して挙がった課題の一つが、「優秀なミドルマネージャーをどう確保するか」であった。

専門性によってポジションが決まる方法の課題

　従来は、「地頭の良さ」などと呼ばれる一般的な教養と知識を持ったジェネラリストを、総合職として多数採用した。そして、年功によって職階を進むキャリアパスであったから、新卒の総合職は漏れなく駆け出しの平社員から職階がスタートした。総合職の中には、中間管理職に適した能力を持つ人材が一定確率で含まれているので、職階を進む中で、経営幹部に向く人材を選抜していたといえよう。つまり、管理業務についてはOJT（仕事の場面でのトレーニング）による育成ではなく、個人の資質と確率により必要な中間管理職を賄っていたといえよう。

　これに対し、働き手が、それぞれの得意分野でエキスパートやマネージャーになっていく時代には、その専門性によってポジションが決まる。とりわけエキスパートは、持っている能力のレベルに応じたポジションからスタートするだろう。これによって、労働者マーケットで稀少なケイパビリティを持てば、新卒であろうとも経歴に関わらず広い裁量と高給で処遇することも可能になる。

　しかし、ケイパビリティの高い即戦力人材を中途採用だけでそろえようとしても、マネジメントについて有能な人材は新卒学生には含まれにくく、人材マーケットであっても多数があふれているほど潤沢では決してない。このため、社内の人材がマネジメントのケイパビリティを高めてミドルマネージャーとなっていく

ことが課題となるのだ。

ミドルマネージャーになることが難しい理由

　こう書くと、中核となる機能的スキルを高めていくことで、スタッフからミドルマネージャーへと育っていけばよいと思われるかもしれない。実際、従来の現場業務（いわゆるライン型）ではそうであった。しかし、タスクを担うスタッフでは遂行する手順が明確であるのに対し、ロールを担うエキスパートやマネージャーでは手順や目的が明確ではなくなるため、単一の機能スキルだけでは高いポジションを担えない。

　このため、運用スキルの重要度が増し、さらに不明確な業務上の目的を自らの動機付けによって遂行していくといったコンピテンシーが問われる場面が増える。つまり、スタッフとして機能的スキルの経験を積んでも、エキスパートやマネージャーに必要な運用スキルやコンピテンシーのケイパビリティが自然と身に付くわけではない。これが、ミドルマネージャーになることが難しいゆえんである。

Off JTによる習得が基本

　そうは言っても、実際にマネジメントというケイパビリティは、どのように習得したらよいのだろうか。エキスパートですら、スタッフとして参加したプロジェクトチーム内で、専門分野が同じメンバーは自分以外にいないというケースが多くなるだろう。ましてや、マネジメントをロールとするプロジェクトメンバーは、通常一つのチームに１人である。スタッフとしてであれば、マネジメントをロールとする先輩の実務から学ぶことができるが、実際に自らが実践する立場、すなわちミドルマネージャーになったとき、直面する具体的課題について他人から習う機会はもはやない。従って、OJT（仕事の場面でのトレーニング）ではなくOff JT（仕事の場面以外でのトレーニング）による習得が基本と想定されよう。

機能的スキルのOff JTは、マニュアルや座学による習得であり、その後にOJTを通じて定着を図る。これに比べると、運用スキルのOff JTは、想定される局面が多様であり、個人の特性によって適切な方法論が異なる性質上、マニュアル化も座学も困難である。学ぶ本人ごとに、必要となるインプットが異なる以上、経験による習熟が中心となろう。

ワークショップ形式で演習

　そこで、初歩レベルでは他者による経験を吸収する、言い換えれば同分野における先輩エキスパートの経験をまねることから始めてはどうだろう。ケーススタディーを集めた教材や、自らとロールや個人の特性が類似する先輩にインストラクターとなってもらうことが考えられる。さらに進んで応用レベルとなると、自身の方法論を伴ったケイパビリティを自身で開花させる必要に迫られる。そこでは、ワークショップ形式で様々なケースへの対応を演習し、出席者からフィードバックを得て自己流を確立することが有効である。これは、実際にプロジェクトリーダーとしての実業務を題材に実践することに比べると、幅広い選択肢を、リスクを恐れずに試すことができるメリットがある。

　当然ながら、ワークショップという形式だけでは不十分であり、どれほど練られたケースが用意されているか、どれだけ気付きの多いフィードバックを得られるかといった主催者の準備に、ワークショップを通じて得られる経験値を高めるカギがある。この数年、海外のカンファレンスに参加すると、スピーカーが壇上から話す形式が減り、少人数のテーブルに分かれてディスカッションするワークショップ形式が多く取り入れられていた。充実したワークショップを見つけて参加する、というのが個人でできるマネジメントに関するケイパビリティの習得機会となっているのである。

コンピテンシーは伴走者が重要に

　コンピテンシーは、属人的な性質の強いケイパビリティである。総合職でも

入社の動機や働きがいが多様であるように、出発点となる初歩レベルのコンピテンシーは、エキスパート個人が個性として持っている資質（ネイチャー）に依存する。これをケイパビリティとしてコントロールすることは、よほど自分変革に挑戦するのが好きな人を除けば、自分だけで達成することは難しい。このため、メンターやコーチなど各自のネイチャーに合わせた伸張をサポートする伴走者が重要になる。

　このように、ミドルマネージャーに適したマネジメントのケイパビリティを高めるためには、運用スキルを高められるような実践的な場を得ることと、自身のネイチャーに基づいてコンピテンシーを高められる伴走者を得ることが有用と想定される。昨今、各大学のビジネススクールがエグゼクティブ（経営層レベル）向けのコースを急拡大させている背景にも、このようなケイパビリティ開発に高いニーズが生まれている背景事情があると思われる。こうしたケイパビリティ開発の場が、ミドルマネージャー向けにも拡充されていくことが強く望まれる。

第4章

In the digital future How will it change?

AI で業務は変わり続ける

4-1 イントロダクション

第3章までは働く「個人」に注目した。振り返ってまとめると、社会全体で起きている第四次産業革命は、AIなどのデジタル技術を活用することで人による労働の姿を変え、さらに人に求められるケイパビリティをも変えていると説明した。

本章では、「個人」の変化が「組織」の変化とどのように結びつくかを分析する。本章の内容を「個人」の立場で読むなら、ケイパビリティを向上するために行っている自身の努力が、どのような組織であれば生かすことができるのかを見極める手掛かりとなろう。一方、「組織」の立場で読むなら、組織の特性にあった変革手段を選ぶことができるようになる。例えば、業務での変化がどのようなものであれば、組織構造でどのような施策が取り得て、逆にどのような施策は整合しないのかを把握できるということだ。

非連続の変革が不可欠

筆者らは数年にわたって、「AIと共存するには業務の在り方も変える必要がある」と提唱してきた。ところが、デジタルとの距離を感じる業種や業務に携わる人々から、「既存ビジネスが確立している場合には必ずしも業務のやり方を変更する必要はない」「製造や業務遂行の現場においてはイノベーションだけが重要とは思えない」「大企業はベンチャー企業のようにアジャイルで業務を進められない」といった懐疑的な反応があった。中でも、歴史も実績もある大企業の上層部には、現場で従事する人に合わせてカイゼンを積み重ねてきた自社業務および自己の経歴に高い誇りが見受けられる。加えて、そうした現業こそが収益の柱であり、デジタル時代に備えて立ち上げた新規事業は現業と比べるべくもないほど小規模であることが多い。

このため、変革の重責を担う方のところには、現業部門からDX（デジタルトランスフォーメーション）に否定的な反応が寄せられ、「業務の変革が進まない」といった声が届いている。しかし、業務の担い手が、「人だけ」から「人とAIの協働」へと非連続に変化する以上、連続的なカイゼンでは不十分であり、非連続の変革が不可欠であることは業務の性質によらない。

「業務の変革が進まない」といった声が寄せられていることを念頭に、まずはドイツを代表する製造業S社の取り組みを紹介する（詳しくは4-2で説明）。同社には「プロセスオリエンテッド」と自称する企業文化があり、「業務の在り方を変える」ことに対して否定的な反応があった。だが、HR（人材管理）部門を舞台に感情的なつながりで改革賛成派を増やし、さらに経営陣の断固たる姿勢によって反対派に対する強硬手段を用い、DXを進めている。

4-2 事例 ドイツ製造業S社

　ドイツのS社は、自動車部品、エネルギー、ヘルスケア、情報通信といった多種多様な領域を手掛ける巨大な製造業であり、インダストリー4.0などの先進的な取り組みではグローバルでのトップランナーとして知られている。産業用プラットフォームでも注目され、パートナー企業群と連携した製造プラットフォームビジネスを展開している。

デジタル時代のリーダーシップは「信頼」が基本的な価値観

　S社はDXの先進的な企業の一社である。同社は歴史の長い巨大な製造業であるため、これまでは明確に階層化された組織と厳格な指揮命令系統によって伝統的に運営されてきた。S社によれば、伝統的なリーダーシップは「コントロール」が基本的な価値観であり、「Organization」「Hierarchical」「Processes」「Execution」といった要素によって運営されてきたという。現在もものづくりを継続しているので伝統的な価値観は残っており、プロセスオリエンテッドな運営はベースとして引き続き存在している。

　一方で、DXの必要性を重く捉え、変革を起こしていくための取り組みを実施してきた。デジタル時代のリーダーシップは「信頼」が基本的な価値観となり、「Networking」「Openness」「Agility」「Participation」といった要素によって運営されていくべきであることを提言している。

HR部門の改革、60%が解雇

　同社の実施した取り組みの一つに、HR（人材管理）部門のトップ層120人（HRグローバルリーダーシップチーム）によるDX推進に向けた改革がある。欧米の企業は、日本企業に比較してHR部門が負う責任が大きく、デジタル時

代において必要とされる人材像の定義や獲得方法、評価などをはじめとする従業員のマネジメント業務全般について管掌している。このため、HR部門は変革の成否そのものに大きく関与している。

　HR部門における改革では、伝統的な製造業における価値観を変えることからスタートした。特に一定世代以上の人々は日本と同様に変革に対する興味関心が薄いため、HRグローバルリーダーシップチームのリーダーはチーム全体に対して、DXが本当に差し迫った必要性に基づいている点を理解させ、危機感を醸成する必要があった。そのためにワークショップが開催され、グラフィックデザイナーによって作成された5つの「あるべきHRチームメンバーの姿」に関する議論を繰り返したり、一人ひとりが自分なりのビジョンを持てるように働きかけたりして、プロセス重視の製造業でありながら「感情的なつながり（emotional link）」をつくり出し、改革へ進んでいった。

　改革が現状肯定派との衝突を生むのは世の常であり、S社も例外ではなかった。チームの人員のうち60％が解雇され入れ替わるなど、痛みを伴う大胆な意思決定も行われている。既存の働き方として問題もなく、その時点でハイレベルの人材管理担当の地位にあったり、他の従業員からも慕われる存在であったりしていたとしても、DXへの対応が行えない人材は役職を追われていった。それだけの意思決定が行えた背景には、HRチームのリーダーが（全員ではないにせよ）経営層による確かな庇護（ひご）の下で活動できていたという点がある。

事業部門のデジタル改革、ポイントは「感情的なつながり」
　HR部門に続いて、ある事業部門でもデジタル改革が実施された。まず、世界中の拠点から、周囲の従業員への影響度が高い人材を、特定の役職に偏らず300人を選出。そしてそれら人材を、国籍も役職もばらつかせた30人ずつの10グループに分け、DXに向けた取り組みのアイデアを議論させた。ブルーカ

ラーも上級役職も混在するチームにて、全社をいきなり変えるのではなく、自分たちの周囲から少しずつ変えていくようなプロトタイプについて議論したという。現在では、4万人の従業員のうち1万8000人程度が何らかのプロトタイプに関わっているという。

　このような取り組みを推進するうえで、すべてが順調に進んだわけではないし、何らかの汎用的なメソッドに当てはめて進めたわけでもない。取り組みごとにカスタマイズしながら進められていったのだが、共通してキーとなったポイントは存在する。

　一つは、リーダーあるいはリーダーシップチーム自身が改革に対して同じ意識を持ち、（時には意識を共有できない人材を入れ替えるほどの真摯さで）改革に向けたビジョンを関係者と共有することである。その際には、プロセスオリエンテッドであるS社でさえそうであったように、単なる論理的な理解だけでなく、「感情的なつながり」が構築できるようなプロセスを経る必要がある。リーダーあるいはリーダーシップチームの振る舞いとして、強権を用いて関係者を従わせるのではなく、時にはリーダー自身の失敗や挫折さえもつまびらかにしながら、オープンなマインドを持って人に接する必要がある。改革を阻害する大きな要因の一つは、従来の仕事にしがみつこうとするマインドセットであり、マインドセットを変えていくことが非常に重要になる。

　もう一つは経営層によるコミットメントである。このような大胆な改革を推進するに当たっては不可欠である。経営陣の全員ではないにせよ、改革リーダーに庇護を与え、強く指示する経営層がいてこそ、その改革に正当性が担保されるのである。

4-3 業務の中身・やり方が変わり続ける時代

　S社のようなドラスチックな変革を伝統的な日本企業で実践するのは難しいだろう。だが多くの日本企業で採用してきた「メンバーシップ型組織」は、徐々に「AIとの共存型組織」へと転換する流れにある。この転換を本書の視点で整理すると、「総合職からジョブ型人材とロール型人材の組み合わせ」へ、「非自律的組織から自律的組織」へという変化である。

　そこで以下では、人材と組織の自律性の変化を対比的に描き、これから日本企業が迎えようとしている変革は、「個人レベルでのケイパビリティの発揮の仕方」と「組織レベルでの業務内容」という2つの要素が組み合わさって変化していることを描いていく。

4-3-1 メンバーシップ型組織のケイパビリティと仕事の仕方

　まず、典型的な日本企業をイメージしていただきたい。従業員を新卒で総合職として採用し、定年まで勤め上げる終身雇用を前提に、会社内の様々な部署を定期的な異動を通じて経験させる。総合職として採用された新人社員が、「どんな仕事でもやります」というスタンスであるならば、その会社はメンバーシップ型組織である。メンバーシップ型組織の人材は、所属組織からの指示に忠実に従って、「上司に言われたことは指示の範囲内で何でもやる」というスタンスである。

総合職のケイパビリティは特定されない
　ということは、業務内容と個人がひも付いていないといえる。その背景として、組織の一員という立場で様々な仕事を「総合職」として遂行する場合、そ

もそも業務の中身を緻密に決めるよりは、臨機応変に対処することが求められるという事情がある。このように、業務内容が特定されていない以上、各個人が発揮することを期待されるケイパビリティも特定されていない。これが、メンバーシップ型組織における総合職の特徴である。

　管理職もまた、一人ひとりの業務内容が部や課といった単位での責任以上には分解されていない。管理職へと昇格する人材は、必ずしも人材管理のケイパビリティに秀でているわけではなく、現場業務での成果が評価されたことによって昇格することが多い。人材管理について素人である管理職は、部下の成果の良し悪しを現場業務での成果でしか評価できないので、次の管理職候補も人材管理の視点では選ばれない。こうしたループの結果、年功序列を生み出してきた。

　しかも、総合職の人材育成では、一つの仕事に習熟したころに異動が命じられ、全く異なる業務に就かせるジョブローテーションが行われる。もちろん、ジョブローテーションには良い面もある。例えば、あらゆる部署の人とつながりを持つ契機となり、どの部署に行っても周りをうまく巻き込みながら調整するといったフレキシブルな行動が身に付くとか、組織の視点で効果的に部下を動かせるような管理職を育てられるといった点だ。こうした利点がある半面、社員個人が自分の専門性と呼べるようなケイパビリティを長期にわたって伸ばしていくことは難しい。

所属組織の利益を重視した働き方

　続いて、メンバーシップ型組織における仕事の仕方である。メンバーシップ型組織では、総合職人材に代表されるように、一人ひとりの業務内容が明確化されていない。このため、チームで業務を遂行する場合の責任は、一人ひとりの成果に対してではなく、チームメンバー全員の連帯責任として共有される。すると、メンバーシップ型組織に所属する人材一人ひとりの自律性は制限され、

代わりに所属組織の利益やヒエラルキーへの従順を重視した働き方が期待される。

　また、総合職人材はジョブローテーションが定期的にあるため、短い期間で異動先の部署で専門性を身に付けることが求められるとともに、誰を巻き込みながら稟議を通し、どううまく説明すれば上長の決裁を取るのかといった組織内外での根回しや調整力、論理的説明力といったケイパビリティを生かしながら仕事を進めていくことが必要となる。

4-3-2 AI共存型組織の仕事のやり方

　前項で述べた人材のケイパビリティや働き方は、多くの場合明文化されておらず、メンバーシップ型組織の中では暗黙の了解となってる。できて当たり前で、できる人が周りから評価され、出世していくのが常であった。しかし、こうした日本企業のメンバーシップ型組織は、徐々に崩れ始め、デジタル化の波によって転換は加速している。

デジタル・AI環境での業務を再設計
　まず、デジタル化以前から、非正規雇用による人材採用が拡大することによって、暗黙の了解を前提とする職務内容の曖昧な雇用スタイルや働き方を維持することが難しくなっている。日本の大企業は、近年限定的な業務を担う人材を安く調達するため、非正規雇用の形態で派遣社員の採用を拡大してきた。さらに、リモートかつバーチャル上での働き方が常となる今後の世の中では、一人ひとりが仕事を円滑に進めて行くために、仕事の担当範囲を明確にすることや、組織運営の方法が確立、明確化されていく必要がある。

　それは同時に、各企業が組織の文化や運営方法に応じて、人が担う仕事の範囲とAIが担う仕事の範囲を明確化していく必要性があることを意味している。

AIが既に定型業務などを担い始めたデジタル化の中では、AIの機能によって実現すべき業務の範囲、人が担うべき業務の範囲を明確にする必要に迫られている。そのうえで、人が担う業務についても、従来のようにAIなしで行ってきたやり方とは大きく変化し、デジタル環境で最適な業務内容を再設計しなければならない。

この潮流は、まず人を企業というコミュニティーのメンバーとして雇い入れ、仕事の内容を後から柔軟に割り当てる組織形態から、ジョブディスクリプションに明記された仕事をこなすことができる専門人材を雇い入れ、高い専門性を発揮してもらう「AIとの共存型組織」を前提とした雇用スタイル・働き方への転換が始まっていると言える。つまり、日本企業に勤める従業員たちは、今後新たなケイパビリティを獲得し、仕事のやり方を変えざるを得ない状況に立たされている。

AI共存型組織の採用基準

AIとの共存組織では、ジョブディスクリプションに記載がある職務をこなすことができるケイパビリティがあるかどうかが採用の基準となる。求められるケイパビリティは第1章で述べた「ジョブ型人材」として雇用されるのか、または「ロール型人材」として雇用されるのかによって異なる。

ジョブ型人材は、特定の専門分野のタスクレベルの業務をこなすことが求められる一方で、ロール型人材はタスクだけでなく、その分野の専門知識を有したうえで現場をマネジメントするレスポンシビリティやミッションを担うことが求められる。採用される際には、ジョブディスクリプションに記載があるケイパビリティを過去に身に付ける努力をしてきたか、経験を積んできたかが重要視され、採用後の成長ポテンシャルはあまり重視されない。

企業が自らのビジネスをデジタル化していくことに伴って、そうした非正規

雇用人材や専門人材を獲得していく動きは加速している。企業がデジタル化を進めるうえでは、タスクやそれを担うジョブ、そして業務遂行のうえで必要になる非定型対応とそれを担うロールを更新し続けるケイパビリティを有することが組織の人材に求められる。

マネージャーは組織管理に専念

　AIとの共存型組織では、一人ひとりがジョブディスクリプションで定義された仕事を遂行する自律した人材として働くことが求められる。分担の線引きが曖昧だった業務は基本的には存在せず、必ず誰かが責任を持つ。チームで業務を遂行する場合であっても、一人ひとりが専門家であることが前提であるため、「自分はこの業務に責任を持つので、あなたは別の業務に責任を持ってほしい」という形で明確なすみ分けがなされる。メンバーシップ型組織では当たり前のように存在していたプレイングマネージャーという役割どころは、AIとの共存型組織では存在しない。マネージャーはあくまでも組織を管理し、部下のケアのために働くのであり、現場の成績を上げるプレーヤーとして働くことは求められない。

組織はAIでレバレッジできるか？

　AI時代のデジタル化とは、業務をただデジタル化すればよいのではなく、「組織やケイパビリティの改革も実施する」というのが本書の一貫した主張である。このCOLUMNでは、このうち「業務をただデジタル化」するという部分に焦点を当ててみる。

DX 1.0とDX 2.0

　ここ数年、RPA（ロボティクス・プロセス・オートメーション）を導入することで、業務を自動化（automation）する企業が増えた。RPAは人と違ってミスをしないので品質が向上し、繰り返し作業を迅速かつ休みなく行えるので所要時間も短縮する。RPA導入に当たって業務の見直しをすることはなく、人がこれまで実施してきた業務を、そのままの内容で自動化している。つまり、RPAによって業務の一部はデジタル化されるけれども、得られるアウトプットは従来と同じである。このように、組織としてのアウトプットや組織目標として設定したKPIなどが同水準であるデジタル化を「DX 1.0」と呼ぶ。

　一方で、AIを使いこなしてデジタル化を進めるために従来のタスクを見直し、組織として得るアウトプット内容やKPIを向上させるのが「DX 2.0」である。これを、損害保険会社を例に説明する。従来は、自動車事故が起きた場合、保険会社の担当者が事故の状況を把握して修理工場に連絡するまでに何週間もの期間と人件費をかけていた。それがAIシステムを導入することで、必要な期間は短くなってコストも下がる。事故を起こしたドライバーに事故現場の写真を送ってもらうことで、その写真を基に事故の状況を即座に把握して修理工に連絡し、ドライバーはすぐに自動車を修理に出せるようになる。保険会社は人件費を削減でき、顧客満足度も高められる。アウトプットもKPIも向上したといえる。

レバレッジ効果が得られるDX 2.0

このように、AIを導入する際にタスクを再設計し、生産性や効率性、売上高、顧客満足度、従業員満足度といった組織のKPIが向上することを「AIによるレバレッジ」と呼ぶ。レバレッジはてこによる効果や作用を意味し、経済用語として用いられる。DX 2.0の特徴は、AIによって組織にレバレッジが起きることである。読者の中には、第2章で紹介した「拡張（オーグメンテーション）」を思い出す人がいるかもしれない。これはAIによって個人の能力が「拡張」され、以前よりも個人が行える業務内容が高度化することであった。レバレッジは、組織という単位での変化であり、AIによって担うことのできるタスクが変化する結果、組織のパフォーマンスが向上するのである。

大きなレバレッジ効果を得るには、「AIは業務の自動化だけを担い、人の仕事を次第に代替していく」という固定観念を捨てる必要がある。AIを使いこなすとは、デジタル環境にふさわしいタスクを新たに創り出し、従来は実現できなかったようなアウトプットを実現することである。ここに、「現場の人の創造性が求められる」と本書が主張する理由の一つがある。「デジタル時代にふさわしいアウトプットは何か？」「AIに実現可能な機能を駆使してそのアウトプットが得られるようにタスクを設計できるか？」といったことを見いだすには、現場の人や業務設計者の創造性が求められる。

AIの適用範囲を広げるほどレバレッジ効果の幅が広がる

組織におけるAIの適用範囲は、業務を構成する「タスク単位」から、各部門が担う業務を対象とした「部門単位」、さらに「組織単位」へと広げていくにつれて、得られるレバレッジ効果の幅が広がっていくと考えられる。例えば、部門共通の仕組みとして、人事部門であればHR Techのプラットフォームを導入し、業務プロセスの見直しや再構築を施せば、コストをより削減したり作業効率を高めたりできる。AIプラットフォームを活用して、部門全体で分析や識別、予測といった作業を自動化すれば、人はAIから得られた結果を基に判断したり、次の

アクションを検討したりできる。結果的に組織のレバレッジ効果が生まれ、KPI が向上する。

　さらに組織横断でAIの導入が進むと、AIによるレバレッジ効果を最も高められる。この段階では、人事や経理、工程管理といった複数のAI活用プラットフォームを連携させて組織全体で活用する。AIが人の業務全体をつかさどると、組織のKPIは一段と高まる。もっとも、この段階に当たるAIプラットフォームは現時点では存在しない。RPAから始まる階段を順に上り、長い努力の末に完遂する。それができるかどうかは、それぞれの組織に問われている。

4-4 働き方を4シーンに分類して提言

　AIと人が共存する時代になると、日本企業の伝統的なメンバーシップ型における人と業務の関係は変革を迫られる。人は所属組織の中でどのようにケイパビリティを発揮するようになるのか、また、どのような進め方で業務を遂行していくのかという点で、人材と業務の関係性が変わる。メンバーシップ型の総合職は、ジェネラリストのケイパビリティを発揮し、自律的ではなく連帯責任として業務を遂行してきた。しかし、人が担う仕事の範囲とAIが担う仕事の範囲を明確化することが求められる中で、自律的な業務の遂行が次第に重みを増してきている。

　そうは言っても、この変化は一様ではない。そこで、働き方を4つのシーンに分類し、それぞれについて、AIなど自動化がどのような影響をもたらすのか、業務がどのように変化し、どのような人材が求められるようになるのかを説明する。産業革命は労働力のシフトを伴うものであり、需要が減少する分野から需要が伸びる分野へと、いかにスムーズに働き手が移れるかが重要な課題である。4つのシーンのそれぞれの業務について、提言を打ち出していく。

　では、メンバーシップ型組織やAIとの共存型組織それぞれにおいて、人はAIとどのように業務分担をしていくのだろうか。基本的には、人は自らのスキルとAIの機能に基づいて、業務ジャンル（レスポンシビリティ、ミッション、タスク）と職務（ロール、ジョブ）をすみ分けると考えられる。今後、AIの機能は次第に増え、それに合わせてデジタルサービスが担う業務範囲も拡大していく。つまり、業務分担の境界線は変わり続け、人の業務内容も変わり続ける。人とAIが業務や職務を見直し続け、組織の中ではどのような役割分担の形が想定されるのか。それは、現在の業務の在り方によって変わり、4つのシーン

（シーン①からシーン④）に分類すると分かりやすい。

シーン①組織内で働く非自律型人材

　シーン①は組織内で働く非自律型人材で、実行プロセスが決まっていたりマニュアルが存在したりする場合である。現在はそのような業務であっても、費用上の理由やマッチする製品がないなどの理由で人が担っているケースも多く存在するが、今後はAI・ロボットの普及や低価格化により代替されていく可能性が高い。一方で、AIがうまく稼働するように使いこなすための業務や、AIの結果を解釈する業務、創造的な思考が求められる企画系業務などは人の役割として残り続けるだろう（詳しくは4 - 5で説明）。

シーン②組織内での非自律型と自律型の混在

　シーン②は組織内で非自律型と自律型が混在する場合だ。これは、多くの組織で取り入れられている。同一組織内のあるチームとして、ロール型の業務を担うマネージャー／エキスパートといったリーダー人材と、ジョブ型のワーカー人材がいる。リーダー人材は、課題を特定し、解決の方針を示し、計画を立てて実行を推進する。一方のワーカー人材は、効率性を求められるタスクを明確にジョブとして定義したうえで、リーダー人材のリーダーシップの下で担当する。このシーンの現実的な課題は、ジョブ型ワーカー人材が多数を占め、ロール型業務を担うリーダー人材が不足していることである。そこで、AI・ロボットによる効率化をどのように取り入れて組織のパフォーマンスを高めていくか、マネジメントに問われる課題を提示する（詳しくは4 - 6で説明）。

シーン③組織内で働く自律型人材

　シーン③は組織内で働く自律型人材で、組織の目標や業務の内容が固定されておらず、柔軟に対応することが求められる場合である。従来は、「所属部署の利益に反しないように業務を推進する」という制約を受ける傾向があったが、今後はプロジェクトチームがその組織を構成する恒久的な単位として運用

されていくようになるので、プロジェクトチームとしての目標を追求すること
が業務のゴールとなる。異動で偶然配属されたのではなく、各自が自分自身の
ケイパビリティによってプロジェクトチームに参加しているので、各自が自律
して業務を推進していくことになる。大組織にとって自律的かつ分散型の運用
には難点もあるが、AIによるサポートを活用して実現が目指される姿を描く
(詳しくは4-7で説明)。

シーン④組織外で働く非自律型人材

　シーン④は、自動化の影響を受け、組織の外へと出ざるを得ないホワイトカ
ラーが増えていくことを踏まえ、組織外で非自律的に働く人々である。例えば
「ギグワーカー」「ゴーストワーカー」「エッセンシャルワーカー」などで、この
ようなワーカーは構造的な問題を抱えており、自分自身のケイパビリティを高
めて収入を拡充することが難しい。そのままでは深刻な社会格差を生みかねな
い(詳しくは4-8で説明)。

4-5 シーン① 組織内で働く非自律型人材

　シーン①は組織内で働く非自律型人材である。この人材の業務は、業務を進めるに当たって一定のプロセスが定められ、個々のシーンにおいて参照すべきマニュアルが整備されている。働く人自身が主体的に意思決定をしたり、創造的な思考をしたりしながら進めていくような業務ではない。

4-5-1 シーン①の業務はAIによる自動化が進む

　例を示せば、ライン制で進められている工場内の生産現場における業務や、インフラを安定的に稼働させるための業務などが該当する。AI時代には創造性が求められる業務の重要性が高まる一方で、すべてがそのような業務に変わるかといえばそうではなく、領域によっては引き続き安定的に稼働することが最重要目標になる場合も当然ながら存在する。

　ただし、それらがこれまで通りに人によって担われるかといえば、それも違う。AI時代に人に残るスキルとして「創造的思考」「ソーシャルインテリジェンス」「非定型対応」の3つを挙げたが、非自律型の業務の多くはいずれにも当てはまらず、遅かれ早かれ、多かれ少なかれAIによって自動化が進められていくだろう。現時点でも、ファクトリーオートメーションと呼ばれるソリューションの導入が日々進められている。

工場を例にした業務シーン
　非自律型の業務が大半を占める工場を例に、業務シーンを考えてみよう（図表4-1）。まず生産ライン上の業務のうち、機械による判断・操作が可能な領域は随時自動化されていくものと考えられる。例えば製造品の場所を移動させ

	商品開発			生産					販売・サービス			
	R&D	企画・マーケ	設計・開発・試作	生産・計画・管理	調達	加工・組立	品質管理	設備・人管理	広告・宣伝	物流	販売	保守・サポート・アフター
人のサポート	●企画のために必要なデータの自動収集(特許情報など) ●AIによる製品設計(ジェネレーティブ・デザイン) ※サポートか代替かはタスク設計によって異なる			●トラブル発生時の対処方法をAIが提示 ●ベテラン作業員の知見を抽出し、若手作業員の判断や作業をAIが支援 ●工作機械の知能化による作業支援					●チャットボットによるお客様サポート ●広告内容やキャッチコピーの自動生成 ●マーケティングオートメーションの一部機能(メール自動配信など) ※サポートか代替かはタスク設計によって異なる			
人の代替				●映像やセンサーによる生産ラインの状況監視 ●単純作業ロボットによる組立・加工・塗装・搬送 ●匠の技をAIが理解し、若手作業員を教育								
人を超えた能力の発揮	●AIによる製品設計(ジェネレーティブ・デザイン)での新しい構造体の創出			●画像解析による人の目を超えた品質チェック ●ロボットによる高速/高精度な加工や搬送 ●人が認識できない因果関係を解析することによる予兆検知 ●市場データ、在庫データ、生産データなどを勘案した最適生産の実現					●人よりも適切な回答が可能な、お客様満足度の高いチャットボットの実現 ●AI×プライシングによる販売価格の最適化			

図表4-1　工場における人とAIの役割分担（例）
出所：筆者

たり、不純物が混ざっているものを取り除いたり、といったことはAIによる画像認識とロボットの組み合わせで自動化されていく。今後はこれまで人間が操作していた機械加工の領域についても、ますます自動化が進んでいくものと考えられる。

　また、生産ラインを管理する業務についても自動化が進んでいく。例えば、進捗状況やエラー・トラブルの発生を把握し、上司による対応が必要かどうかを判定するといった業務は、AIによるモニタリングで代替することができる。同様に、業務報告を取りまとめる業務はAIのダッシュボードで、業務文書や計算書類をチェックしたり機械的な承認をしたりする業務はルールベースのAIで、それぞれ代替できるようになろう。

マネージャーの人数は減少

　これまでは、上司が情報を収集して判断するには、業務内容を把握できるように部下と密接に仕事をする必要があり、結果としてお互いが担当する業務が一部重複しがちであった。さらに、1人で担当できる範囲には時間と情報量の限界があるので、複数のマネージャーで分担する必要があった。しかし、AIがモニタリングを担えば業務の重複は減り、1人のマネージャーがより広範囲を担当できるようになる。また、人であれば、文書作成や計算などに誤りを含み得るから他者によるチェックが必要であるが、AIが代替すればチェックは不要である。このように、AIの導入で必要な業務が変わり、必要なマネージャーの人数や階層が減少する効果が生じる。組織形態としては、現在よりもシンプルなものになる可能性が高い。

　一方で、AIが正確に動作するためには、必要なインプット情報をそろえ、情報が正確であることを確認し、AIが分析する基準などを適切に設定する必要がある。例えばAIが提示する分析結果がデータ上の相関関係である場合、それが業務上の因果関係に基づくものなのか、疑似相関にすぎないものなのかを見極めて判断を下す必要がある。また突発的に生じる問題や未知の現象については、非定型であっても対応する必要があるだろう。ラインで働く人々のスキル向上のためのノウハウの蓄積や教育、モチベートするための工夫、生産方法の継続的な改善といった取り組みについても、既存業務として引き続き実行することになる。部署としては非自律型であっても、マネージャーはこのような人にしかできない業務をこなしていく必要がある。

企画や設計は自律型組織へ

　なお、工場に関連する部門の中でも、生産企画や工場全体の設計を行うような役割の部門、また製造業全体に範囲を広げれば商品企画や設計に関する部門においては、新しい発想で創造したり、計画したりすることが必要になる。そういった組織はライン型の働き方ではなく、後述するプロジェクト型の働き方

が適しており、非自律型の業務の自動化が進んでいくにつれて、プロジェクト型で動きやすい自律型の組織へと切り出されていくものと想定される。

非自律型の業務も、機械化が進む前はマニュアルに従って人が実施してきた。現在でも、様々な理由により機械化が行われない状況はあり（費用的な面、使用環境的な面など）、特定のタスクを遂行することに特化したジョブ型人材が担っている。一方で、今後はAIやロボットがより広く使われることになり、人が担うシーンは少なくなっていくだろう。

4-5-2 シーン①で人が担うべき仕事

それでは今後、人はどのような業務を行うようになるのだろうか。ここで、人が担うべき仕事をより具体的に検討するため、AIにできない仕事は何かを考えてみよう。

人の仕事の一つは「ゴール設定」

ずっと遠い将来にどうなるかどうかは別として、人がAIを活用するという構造上、目的意識そのもの、ゴールそのものをAIが設定することはできない。あくまで人が定義した目的に対する最適解を導き出すのがAIの役割である。その意味では、例えばデータ化し得ない複雑な経営環境や企業としてのビジョンなどの要素を勘案したうえで工場のコンセプトを定める（どんな工場であるべきかというゴールを決める）、ということをまるごとAIに任せるのは難しい。やや抽象的な物言いになるが、AIが行えるのは、あるべき工場の姿というゴールが与えられた中で、ゴール達成のために様々な変数を最適に設定することである。

一方で、AIはゴールだけ与えられれば十分かというとそうでもない。人間はある意味で生きたセンサーの塊であり、生活しているだけで多種多様な情報

を取得しているが、AIはあらかじめ与えられることが決められた情報しか得ることはできない。先の工場の例でいえば、仮に設立すべき工場のコンセプトが与えられたところで、データが定義されていない現実の環境の中に放り出されても最適解は導けない。AIが現実を理解するためには、現実を一旦データとして変換しなければならないが、その変換内容を決めるのは人間の役割である。AIは目指すべきゴールと、使うべきデータが手元にそろわなければ仕事をすることが難しい。

「思いつく」現象は人ならでは

　他のシーンでも考えてみよう。例えばAIはiPhoneを「思いつく」ことができるだろうか。イノベーションを起こすことを目的としたときに、様々な物事をランダムで組み合わせ、自然言語処理によってアイデアの書かれた文章を大量に出すことはできるかもしれない。あるいは、SNSなどから世の中のトレンドを読み取り、それを加工してアイデアらしく見せることもできるだろう。

　しかしそれらアイデアは、前述した通り、少なくとも人による発想のプロセスを再現したものとは言いがたく、そのままでは企画が通るアイデアとして育てることは恐らく難しい。アイデアは既存のものの組み合わせから生まれると言われるが、その組み合わせに新たなコンテキストを見いだすのは人間的な所作に他ならない。

　例えば「サッカーを見ていて、現在抱えているチームの課題の解決策を思いつく」というのは人間であればあるかもしれないが、AIの場合あらかじめロジックが組まれていない限り模倣できない発想である。一見して関係のないもの同士の組み合わせであっても、そこに過去の経験や知識、体験から新たな意味を見つけ出すというのは人間特有の思考であり、アイデア着想の面でも非常に重要な観点である。

4-5-3 シーン①で人に求められるケイパビリティ

　それでは、AI時代においても人になお求められるケイパビリティとはどのようなものだろうか。

(1) コンセプトを構想するケイパビリティ

　まず、「どのような製品を作るべきか」といった根源的なゴールを適切に設定すること、言い換えればコンセプトそのものを構想できるケイパビリティは、今後も引き続き重要になるだろう。定められるべきコンセプトは、経営環境や企業としてのビジョン、世の中のトレンドといった多数の観点から創造されるものであり、また合意形成プロセスそのものにも重要な意味を持つ。「自社が何をすべきかは、AIが決めてくれる」というのは受け入れがたい。今後はコンセプトメーカーのような役割を果たせる人が重宝される可能性がある。

　また、商品開発だけでなく、工場のコンセプトを構想するスキルも必要になる。「多品種大量生産×消費地近くへの生産拠点の分散配置」といったコンセプトを新たに構想することは、AIには難しい。生産改革に関連する世の中の様々な情報を解釈して取り入れていくといったことは、まだ人が担うべき領域になるだろう。さらにいえば、工場の在り方を詳細に至るまで把握している「生産技術の専門家」を人材として残しておかなければ、ノウハウや技術の伝承が行えなくなっていくという問題もある。いうなればラインマイスター（セル生産の場合はセルマイスター）のような人材を育て続ける必要がある。

　さらに、コンセプトに従って考慮すべきデータを定義するケイパビリティも必要になる。データとして「人の感じ方」や「消費者候補の生の声」といった主観的・定性的なものを扱うのであれば、そのデータを生成し、処理プロセスを定めるのは人の役割である。データハンドリングやアナリティクス自体の専門家だけでなく、例えば工場であれば現場作業員の生々しい体験や感覚などを適

切にデータ変換する能力を持った人が必要になるだろう。

(2) イノベーションの発想をするケイパビリティ

　イノベーションについても、AIが担うことが難しいのであれば、コンセプトづくりと合わせて、新しいものを発想していく人材が必要になる。過去の経験や他者との関わり、全く別の分野の知見を縦横無尽に組み合わせ、それに人々が理解できる意義やストーリーを付加しながら「新しく素晴らしいもの」として結実させるという営為は、まだまだ人の役割だろう。ただ、発想したものを検証することはAIに任せられるかもしれない。

(3) コミュニケーションのケイパビリティ

　最後に、他者とのコミュニケーションも人の役割として残るだろう。企業同士の協業や提携、産学連携といった大きなものから、日々の営業活動、受発注、情報収集、ブレインストーミングに至るまで、ビジネスにおける対話のシーンは数知れないが、事務的なやりとりですべての目的達成が可能なコミュニケーションというのはむしろ少数派であると考えられる。ビジネス上のコミュニケーションは、想定していなかった情報が話の流れの中で得られたり、相互理解が進むにつれて新たな事業の可能性が見えてきたりといったふうに、ある種の偶然性に期待して行われることも多い。

　AIがコミュニケーションを代替するときに、その偶然性を再現しようと思えばそれはもはや偶然ではなくプログラムされたものとなってしまうだろう。例えば他者とのディスカッションの中で、自分の興味のある分野や過去の経験に関する話から広がって、ある意味で脱線した会話の先で予期せぬ成果が得られた、というのは、読者の皆様も経験があるのではないだろうか。

データで答えが出せるならAIが担う

　AIは単純作業を人間の代わりに担い、人間は複雑な作業を引き続き行う、

というのは代替の在り方として分かりやすい構図であるが、実際には複雑さだけが分岐点になるわけではない。AI時代にあっても人が価値を発揮しなければならない仕事を判別するカギとなるのは「その仕事のアウトプットは、データで答えを出せるのか？」という問いではないだろうか。複雑な作業であろうと、その作業を完遂させるのに必要なデータがそろえられ、定義できるのであれば、遅かれ早かれAIが代わりに担うことになるだろう。

　これまで述べてきた、コンセプトづくり、データの定義、イノベーション、コミュニケーションといった要素は、いずれも抽象的で企業の存在意義そのものに関わり、人間としての感覚や経験に依拠し、偶然性にその意義がある。少なくとも近い将来において、データとロジックによって答えを出すことが難しい領域にある。

4-6 シーン② 組織内での非自律型と自律型の混在

　2つ目の分類は、組織内において、ブルーカラーに代表される「非自律型業務」と、ホワイトカラーに代表される「自律型業務」が混在する場合である。

4-6-1 混在業務の実態

　非自律型では、ライン制に見られるようにリーダーの指示の下、ワーカーが明確なある塊の仕事の単位、すなわちジョブ型のタスクを担う。その場合評価はどれだけのタスクができたかという達成度としての定量的なKPIになる。時給のアルバイトは、そのパフォーマンスが時間単位の業務量で測られるという点で分かりやすいKPIである。企業であれば、営業における仕事の獲得件数やアポイントメントの実績数がKPIとしてあり、その達成のために活動量を増やしていく、ということになる。

　一方で自律型は、リーダーが指揮命令系統に存在しつつも、その下でタスクを担う人材が柔軟に目標や活動の内容を設計・実行する、ロール的な役割を担い、ミッションの達成に向けて動くことになる。ここでの評価は、量よりも「どのような活動をどういった目的意識で行ったか」「チームにどんな影響を与えたか」のような定性的な評価要素が大きくなってくる。

チーム単位で業務が遂行される

　実際の企業活動においては、明確にどの組織が非自律型で、どこが自律型かという明確な定義は難しく、組み合わせの濃淡によって様々な組織やチームが生まれている。ある業務では、強力なリーダーシップを持つロール型人材を筆頭に、チームの中では非自律的なジョブ型の業務がほとんどを占めるものがあ

るだろう。現状の多くの業務は、こうしたチームの単位で業務が遂行されている。ここでは、ロール型の業務を担うマネージャやエキスパートとされる人材と、ジョブ型のワーカーとされる人材が、同一組織の中であるチームの単位として存在していることになる。こうなると、業務の遂行において、自律型人材と非自律型人材の役割は明瞭に分かれ、そのマネジメントや評価方法も、ロール型とジョブ型で大きく異なってくる。

　例えば、ある商品のマーケティングを担当するチームの中であれば、計画して指示を出すリーダー格がロール型人材であり、指示を受けるスタッフがジョブ型人材である。この場合には、リーダー格の人材は固定されているかもしれない。芸術やデザインなどクリエーティブなケイパビリティを持つ人材が、サポートする周囲のスタッフに支えられている関係も同様であろう。違う例として、Webデザインの部署で、あるサイトのデザインを発案する人がロールの役割を担い、そのデザインを実現するために写真素材の確認やプログラマーとの調整といったもろもろのサポートをするメンバーはジョブの役割を担う。この場合には、Webサイトごとにデザイン担当は入れ替わる可能性があり、商品ごとにお互いの役割を確認することになろう。

案件に応じてリーダーとメンバーを組み合わせる
　ロール型とジョブ型の役割分担が固定している場合には、ロール型人材のいる部署（4-7で説明するシーン③）と、ジョブ型人材のいる部署（4-5で説明したシーン①）を分けることも考えられる。しかし、臨機応変にチームをつくったり、ロール型とジョブ型の人数比率が変動したりする場合には、シーン②になると考えられる。例えば、ロール型として動くチームリーダーの専門性が異なっていて、案件に応じてリーダーを担う人材、メンバーとして動く人材の組み合わせが異なるケースなどが想定される。複数のプロジェクトを並行して推進し、そのメンバーのアサインは組織の内外を問わずケイパビリティに応じて組成されるような業務を担当している場合、シーン②のイメージが付きやすいだろう。

もちろん、全員が自律的に動く自律型組織として行動することで高いパフォーマンスが発揮されるのであればそれでよいし、全員が非自律的に動くことで最大効率化し、結果として高いパフォーマンスが発揮されるならばそれでよい。しかし実態は、VUCA※時代と言われるように仕事の内容が複雑かつ曖昧になり、一概に業務を特定のジョブとして定義することが難しい。人材のケイパビリティにも依存するだろうし、そもそも日本ではジョブディスクリプションが不明瞭であるように、ジョブを明確に定義して運営するという文化が浸透していない。

※「Volatility：変動性」「Uncertainty：不確実性」「Complexity：複雑性」「Ambiguity：曖昧性」の頭文字を取った
　言葉で、先の読めないことを意味する。

4-6-2 混在組織の課題

　近年はジョブ型の人事制度をうたう取り組みも見られるようになってきたが、実態としてはロール型を標榜としつつも非自律的な人材が多いために機能していない状況の中、組織に専門性の高い人材を市場から獲得するという目的でジョブ型を導入したために、ジョブ型と定義した人材をどうマネジメント・評価をしてよいのか困惑しているという状況である。そうした中途半端な「なしくずし型組織」は、日本企業らしいともいえる。

ジョブ型人材が多数を占める
　しかし実際は、そうしたなしくずし型組織のように、ある組織・プロジェクトにおいて、ロール型人材とジョブ型人材は混在している。現実として多くの企業が直面している課題は、自律的に動いてほしいロール型を求めていながらも、人材のケイパビリティが不足していることより、タスクを遂行するためだけのジョブ型人材が多数を占める状況にあることだ。

　AI・ロボット技術の進展に鑑みると、ジョブ部分のタスクがAI・ロボット

で担うのが得意な場合、定形的なバックオフィス業務やプロセスの中間処理に位置づく調整・確認業務などはどんどん機械化が進み、残るタスクがロール型もしくは極めて専門性の高いジョブ型に限られる。すると、一般的にジョブ型人材の要求は、もちろん実際に置き換わるかどうかは経済合理性との関係でもあるが、徐々に必要なくなっていく。その究極的な姿は、自律的業務として示したものに集約されていくだろう。一方で、ジョブ部分のタスクがAI・ロボットで担うのが不得意な場合、すなわち非定型であったりコミュニケーションが重視されたりする場合、この構造は残り続ける。

自律的に動ける優秀な人材が十分にいない

　大きな課題は、AIでも代替できるようなタスクしかできないジョブ型人材、すなわちケイパビリティに欠けて自律的に動いて付加価値を生み出すことができない人材が社会の大多数を占めるという現実である。多くの企業で自律型と非自律型が混在しているのは、自律的に動ける優秀な人材が十分にいないためである。企業は「できない人」も雇用し活用していかなければ労働リソースが間に合わなかったのである。

　多くの組織では、自律型と非自律型が混在する状態にあるだろう。それが「なしくずし型」なのか、「ロール型人材＋ジョブ型人材」が組み合わさった単位で目的意識を持ったチームとして活動しているのかの違いは大きい。AI・ロボットに代替できないロール的業務を担えるケイパビリティを持った人材を引きつけて活躍させることのできる組織をつくっていかねばならない。企業のマネジメントは大きな課題に直面している。

4-7 シーン③ 組織内で働く自律型人材

　3つ目の分類は組織内で働く自律型人材で、組織の目標や業務の内容が固定されておらず、柔軟に対応することが求められるプロジェクト制の仕事になる。例えば、本社の経営企画や各事業部の企画担当は、市場のデジタル化に合わせて組織の役割や目標を更新することを迫られるだろう。また、日々の流動的な課題に臨機応変に対応するため、部署横断の対策チームがつくられることもあるだろう。さらに、新たな価値を生み出すようイノベーションを加速するため、R&D・事業開発・CVCといった部門ではイノベーションへのプレッシャーが強まるであろう。シーン③は、役割を固定化したヒエラルキー型の組織では対応しにくい、各自が柔軟に働くことを求められる業務である。

4-7-1 プロジェクト制の実態

　経営企画、事業部の企画担当、部署横断の全社チームなどは、従来のメンバーシップ型組織においても活躍してきた。しかし、本人の適性によらず異動が行われるため、経営企画に赴任してからビジョンづくりの基礎を学ぶといった具合で、自律的にケイパビリティを発揮することは難しい場合が多かった。さらに、経営陣の意向を前提に、部署全体の共同作業として試行錯誤により遂行する非自律的な遂行であったのではないだろうか。同様に、従来の全社チームといった部署横断チームがつくられる場合には、全社チームのトップに副社長が就任し、傘下には関連する部長と腹心が参加するといったヒエラルキー型組織の構造を維持したまま、組織横断のチームが構成されることが多く、所属組織の利益を超えた自律的な判断をできるケースは少なかったと思われる。

　これに対して、自分のケイパビリティを持って自律して業務を行うことがで

き、また組織の論理や部署の利益に拘束されずに進むことが求められるのが、シーン③が描く業務である。こうした業務を進める際の代表例はプロジェクトチーム制である。課題が発生すると、その課題を解決することを業務内容とするプロジェクトをつくり、メンバーを集めてチームを編成する。その組織を構成する恒久的な単位として、プロジェクトチームが運用されている場合を想定している。

　シーン②との違いは、チームを構成するメンバー全員が専門性を持って自律しており、プロジェクトリーダーの指揮命令に依存せずに対等な関係で動く点である。従って、実施する業務内容はプロジェクトごとに異なっており、そのプロジェクトを遂行するための具体的なタスク群、各タスクを担う適材のチームメンバーもまた、プロジェクトごとに異なってくる。プロジェクトチームは業務が終了すれば解散し、それぞれが次は別々の新たなチーム、あるいは別の会社に移っていくかもしれない。

厚生労働省が打ち出す「未来の働き方」

　厚生労働省による『働き方の未来2035報告書』においても、未来の働き方について下記のように記載されている。

2035年の企業は、極端にいえば、ミッションや目的が明確なプロジェクトの塊となり、多くの人は、プロジェクト期間内はその企業に所属するが、プロジェクトが終了するとともに、別の企業に所属するという形で、人が事業内容の変化に合わせて、柔軟に企業の内外を移動する形になっていく。その結果、企業組織の内と外との垣根は曖昧になり、企業組織が人を抱え込む「正社員」のようなスタイルは変化を迫られる。
（出所：「働き方の未来2035」～一人ひとりがかがやくために～ 報告書）

　このようなプロジェクトチームでは、多彩なスキルを持った各分野のエキス

パートが活躍する。チームビルディングの過程において、AIを通じてプロジェクトの業務内容を分析し、そのプロジェクトに必要なケイパビリティを抽出したうえで、それぞれのケイパビリティを持つ人材を検索することもできるようになるだろう。そのためには、組織は多種多様なバックグラウンドを持つ人材を登用することが欠かせないし、自社内に必要なケイパビリティを備えた人材が見つからなければ、外部から柔軟に登用することも当たり前になっていくだろう。

4-7-2 プロジェクト制における人とAI

　プロジェクトリーダーは、チームビルディングの過程において、プロジェクトの性質と個人の性格の親和性、リーダーシップ、相互の人間関係などを考慮して適任者が選出される。つまり、プロジェクトリーダーに職位・職階は重要ではないので、マネージャーである必然性はない。プロジェクトリーダーには、プロジェクトを自律して運営するために必要な意思決定の権限が与えられる。AIはタスクの進捗を管理し、リーダーはAIの助言を得ながら意思決定する。今後のプロセスを遂行する標準的な手順も、AIがレコメンドできるようになるだろう。

リーダーは業務遂行、業務管理マネージャーは環境整備

　プロジェクトリーダーは、与えられた環境でプロジェクトを遂行する役割を担うのであって、環境（例えば人・モノ・資金・情報などのリソース）の整備や、プロジェクトの枠を超えた影響が生じる意思決定までを担う適任者とはいえない。こうした役割・業務を担うのが、業務管理マネージャーである。業務管理マネージャーは、日々のプロジェクト遂行で現場の裁量を超えた課題解決が必要になっていないかモニタリングし、資金や情報などのリソース投入を判断したり、事業リスクについて組織としての判断を下したりする。業務管理のマネージャーは、ライン制における管理職に比べて人数が少なく、多くのプロジェ

クトを統括することになる。つまり、現場との情報共有の密度が以前より低くなる中で、高レベルの意思決定をすることになる。そのため、AIによる進捗管理や状況のモニタリング、リーダーからのレポートを通じた適切な情報体制の構築が重要になる。

人材管理マネージャーの役割

　また、AIはプロジェクトメンバーのモチベーションが低下していないかモニタリングしたり、各メンバーの成長度合いを管理したりする手助けをしてくれるだろう。プロジェクトリーダーは、メンバーのモチベーションを保ち、メンバーに学習機会を与えたうえで、その遂行具合を評価する。そうは言っても、各自が高い専門性を持ち、しかも専門性がそれぞれ異なるような中で、個人ごとの育成計画を踏まえながら成長過程をモニタリングしたり評価したりするには、プロジェクトリーダーに高い人事面のケイパビリティが必要になってしまう。そこで、どのプロジェクトに入ることで成長の余地があるかを判断し、組織全体における適切な人材配置を実現するのは、人材管理マネージャーの役割となろう。

　プロジェクト運営上、人的リソースが不足しているとリーダーが判断した場合、人材の追加投入の必要性を最終的に判断するのは、人材管理マネージャーである。人材管理マネージャーは、プロジェクトリーダーとAIから各プロジェクトを通じた活動のフィードバックを得て、人事評価を下し、昇進・昇格・異動を決定する。モチベーションや組織へのロイヤルティーをモニタリングし、AIがそれらに警告を発すれば、人材管理マネージャーは必要な対策を講じる役割を担う。さらに、自社における人材の過不足を見極めつつ、中途採用や外部エキスパートの採用といった外部人材の活用を判断する。本社機構の中の閉じた人事部に比べると、現場に根差してアクティブな活動をすることが求められるのである。

4-8 シーン④ 組織外で働く非自律型人材

　本書は、機械による失業や、AI脅威論を否定する前提に立つ。一方で、AI
活用や自動化による負の側面として語られる、社会的な賃金格差が拡大する危
機が高まっていることも部分的には事実である。4つ目の分類は、組織に属さ
ずに働く非自律型の人材に焦点を当てる。

　世には組織に属さず自律的に働く自営業の人材も多く存在する。自律的に働
く場合、すべてではないにせよ自分の意思で自分の業務や報酬を選択できる範
囲が広い。これに対し、非自律的な人材の場合には多くの制約によって自分の
意思で自分の業務や報酬を選択できる範囲が狭い。本節では組織に属さないで
働く非自律的な人材を「ギグワーカー」「ゴーストワーカー」「エッセンシャル
ワーカー」という3つのワーカーに分け、そこにどのような構造的課題がある
のかを明らかにする。そのうえで、3つのワーカーに共通した課題である、自
らのケイパビリティを向上しながら賃金を向上していくこと、言い換えれば社
会的格差を打破するための提言を述べる。

従来型組織での非自律型人材

　その前に、「組織に属さない」という点について触れて置く必要があるだろ
う。従来は、総合職として就職した社員であっても、自律的に動く人材とそう
ではない人材がいた。この場合、新入社員の頃は指示された通りに働き、いつ
しか年功序列でポジション（職位）が与えられる。そして、中間管理職へと昇
進すると指示通りの業務を遂行する役割が減少し、本人の適性に関わらず中間
管理職という職位に必要なロール型の役割を担うことが事実上求められた。

　しかし本来は、マネージャーのようなロール型の業務は、自律的に動ける人

材だからこそ付加価値が生まれるのであって、非自律的な人材には適さない。こうした、現場で優秀だった人物なのに、非自律的であるため管理職として適切に判断できないといった悲劇は、従来よく見られたのではないだろうか。マネージャーは年功として与えられる職位ではなく、プロアクティブに動けるケイパビリティに基づいて任命されるべきロールであると、本書で繰り返し述べてきた。

　では、非自律的な人材はどうなるのか。組織の中で非自律的な人材が担ってきた、簡単なタスクを正確に実行することで価値を生むという業務は、じきにAIに代替されるという姿が見えてきた。すると、正社員か非正規雇用かに関わらず、ジョブ型の業務に就く多くのスタッフは、自動化による影響を受けるだろう。一見ロール型業務を担っているように見えるマネージャーであっても、実際にはロールを担えるだけのケイパビリティがない人材も多数存在しているであろうから、こうしたケイパビリティのない管理職層にも影響は及ぶ。

　自律型と非自律型が混在している組織は、うまく機能すれば大きなパフォーマンスを発揮する強く柔軟な組織であろうが、現実にはこうした混在組織に必要とされる非自律型人材の人数は既に少なくなりつつあり、AI・ロボット技術の発展や、コロナ禍に伴う働き方の変化によって、この先も必要な非自律型人材の数は減り続けるであろう。企業からしても、イノベーションに貢献できない人材を抱える必要がなくなるし、また抱える余力がなくなる。つまり、非自律型人材には激しいイス取り合戦が待っており、大多数は現在の組織内には居場所がなくなり新天地探しを迫られる。こうして、組織に属さない非自律型人材が多くなる。

4-8-1 非自律型人材の働き方

　現状、こうした非自律型人材に見通せる働き方は3つある。

非自律型人材の働き方１：ギグワーカー

　１つ目は、「ギグワーカー」である。小規模であったり、細部が多様であったり、短期間で移り変わったりする需要に対して、自動化されたサービスを用意することは困難である。また、サービスを提供する側としても、安定して雇用する、つまり固定費としての人件費を抱えるような組織化は難しい。こうした結果、隙間バイトのような働き方が生まれ、その時々の情勢によって従事する人数は大きく変わる。コロナ禍で急増した、宅配サービスのスタッフは好例であろう。

非自律型人材の働き方２：ゴーストワーカー

　２つ目が、「ゴーストワーカー」である。AIによる自動化のためには、AIに学習にさせるためのデータを作る必要があるが、個々のデータについて、AIに学習させたい目的に応じた意味付けを行う必要がある。例えば画像に含まれる情報の中から「人」をAIによって検出したい場合、AIに学習させるためのデータ（教師データという）には「この部分が人である」というのを情報として付け加えなければならない。その作業はアノテーションと呼ばれ、単純作業でありながら人にしか行うことができない。自動化が進んだ社会においても、このようなアノテーションの作業は人に残ると考えられる。

　なお、アノテーションについても、例えば画像に含まれる猫の部分を指定して「猫である」という注釈を付けることは簡単だが、工業製品の傷の判断についてはその道のエキスパートでなければ判断が難しい。テキストデータにアノテーションを付ける場合でも、専門的な文章を取り扱う際や、口語体で書かれたテキストを扱う場合は難易度が上がる。

非自律型人材の働き方３：エッセンシャルワーカー

　３つ目が、「エッセンシャルワーカー」である。社会生活の維持のために必要で、自動化が難しく、人でなければ担えない業務を指す。ヘルスケアであれ

ば訪問介護のヘルパー、公共であればゴミ回収のスタッフ、タクシーやバス・トラックの運転者といった、インフラサービスなどが挙げられる。コロナ禍においては、医療関係者には大きな負担がかかったし、ソーシャルディスタンスの確保を要請されても、日用品や食品を販売する商店や公共サービスは社会に必要不可欠なものとして営業をしていた。ここでは、人間活動がある限り必ず一定の雇用は発生する。ただし、非常に高い専門性・自律性を求められるものも、一方で誰でもできる単純労働も混在する。非自律型人材が担う業務は必然的に後者に該当し、決して高い処遇ではない。"ロボットに任せるよりは安くあがる"仕事に限られるだろう。

4-8-2 非自律型人材の働き方における構造的な問題

　前項で説明した非自律型人材の働き方は、いずれもシーン①〜③までの働き方に比べて賃金が低くなりがちで、放置すれば社会的格差が拡大する恐れが高い。

ギグワーカーとゴーストワーカーの提供価値は低く見られる

　まず、「ギグワーカー」と「ゴーストワーカー」の場合、ワーカー（個々の労働者）を束ねてサービスを提供する企業（プラットフォーム企業など）は、利益を確保できるかもしれないが、個々のワーカーは自分自身が提供する価値（発揮するケイパビリティ）を低く見られがちであるため、十分な賃金を得ることが難しい。しかも、個人が独自の価値を上乗せすることが期待されていない場合には、個人として努力しても賃金を引き上げることが難しい。さらに、需要が変動することから、雇用が不安定にならざるを得ない。

　また、こうした働き方を続けても、ケイパビリティを向上する機会が乏しく、新たな機会に挑戦することも容易ではない。そのため、こうした環境が続くと、社会的格差の拡大・固定という問題が深刻化していくであろう。

エッセンシャルワーカーは公的サービスの価格制約を受ける

　「エッセンシャルワーカー」の場合、例えば介護の現場で求められる老人と
その家族に対するコミュニケーションのように、個々のワーカーが提供する価
値（発揮するケイパビリティ）は高いと認められる場合も多い。しかし、サー
ビスを提供している事業者は、多くの場合公的サービスとして価格の制約を受
け、十分な収益を上げることが難しい。この結果、個々のワーカーの賃金は、
発揮しているケイパビリティに比べると低くなりがちである。この雇用条件の
厳しさゆえに離職率も高くなり、ケイパビリティを継続的に向上することが難
しい。

自助努力が報われる仕組みが働きにくい

　3つのワーカーに共通しているのは、ケイパビリティと賃金を巡る構造的な
問題と、労働環境を巡る課題があることだ。構造的な問題を解決しようとして
も、個人のケイパビリティがきめ細かく評価されて賃金に反映され、ケイパビ
リティを高めれば賃金も上昇するというような、自助努力が報われる持続的な
仕組みが働きにくい。また、労働組合や企業年金といった仕組み、労働基準監
督署によるチェックや世間の目による社会的責任の追及といった抑止力がな
い。このため、労働環境とセーフティーネットを整備して安定的に運用すると
いう、組織であれば実現している機能が大きく欠落して自己責任に任されてお
り、偶発的な出来事（例えば天災・病気・事故など）によって生活基盤が損な
われやすい。しかも、ワーカーの性質ごとに、問題の所在、比重、解決策が異
なるため一括りに論じることが難しく、すべてを解決する万能薬もない。

4-8-3 非自律型人材に向けた提言

　本書の狙いは、第四次産業革命という変革を乗り越えて、人が自らのケイパ
ビリティを発揮できる働き方を実現する道筋を描くことである。そうであるな
らば、光だけに焦点を当てるのではなく、副作用とも言える3つのワーカーが

抱えている課題に対し、克服のアイデアを示すことも責務であろう。

　核となるのはケイパビリティを向上するための自助努力をどのように促すかという仕組みであり、この自助努力に注力できる土台として、労働環境やセーフティーネットを整備することが求められる。以下では本書なりの具体的な方向性を提案したい。

ギグワーカーが働く環境への提言

　「ギグワーカー」に求められるのは、「期間にかかわらず柔軟に働くという雇い主のニーズを満たすこと」と、「プラットフォーム上でシステムが機能として保有しておらずワーカーに求めるスキルを保有していること」の2つだった。柔軟に時間の制約なく働けることは、残念ながらギグワーカーの付加価値向上にはあまり寄与しないが、スキルに応じた労働の対価を受け取るために、ユーザーに求められるスキルをレベルアップすることは自らの付加価値を上げることに寄与する。ギグワーカーをスキルの観点で付加価値を上げる仕組みがあることで、ギグワーカーはハイレベルなスキル提供者として仕事の案件を増やすことができたり、給料を上げたり、評価を転用してスキルを生かした類似業務での就職の可能性を高めたりすることができる。

　ギグワーカーは、ベビーシッターが子供に楽器を教える、といった既存の資格が必要とされない、趣味や生活スキルの延長線上にある依頼を仕事として引き受ける。こうした趣味や生活スキルの延長上にある仕事でさらに自らの付加価値を上げる施策の一つとして、スキルの可視化、ギグワーカーに対するレビューといった機能をプラットフォーム上に搭載することが考えられる。

　例えば、ベビーシッターであれば、過去に子育ての経験がある、外国語を教えることができる、料理を作ることが得意、といったフラグを自ら付けることができれば、なかなか外国語教育に時間を割けない子持ちユーザーからベビー

シッターを頼みたいといった依頼が入りやすくなる。そうしたユーザーがベビーシッターの外国語教育の質がとてもよいと感じた際に、サービスレベルを評価する仕組みがあれば、似たようなニーズを持つユーザーがベビーシッターを頼む際に、レビューの評価が高いギグワーカーを選びやすくなる。

　こういった形でギグワーカーが自らの付加価値を向上させる仕組みを、ギグワーカーをまとめるプラットフォーマーが持つことで、ギグワーカーはより自律的に働くことができるし、最終的にはプラットフォームに属さないフリーランサーとして活躍することも可能になるだろう。これは、ギグワーカーに自律的にケイパビリティを向上する仕組みを実現することで、低賃金を脱するという方向性である。

　もう一つの方向性として、フレキシブルに働くことが可能な一方で経済状況に左右されやすいというギグワーカーの生活を支えるセーフティーネットがある。つまり、互助組織を組成して保険や福利厚生を受け入れるような体制を整えていくことが必要である。企業に属さないギグワーカーを互助組織がまとめ、収入の一部を保険料として支払うことができたり、ギグワーカーが割安で住むことができる住居をオファーしたりするといった仕組みがあることで、まだ自律しきれていないギグワーカーが安心して生活できるようになるだろう。

ゴーストワーカーが働く環境への提言
　「ゴーストワーカー」が行うAIのための教師データ作成作業は単純労働の性質が強いが、一方で上述したような難易度の高いアノテーションへの対応が求められるシーンも存在する。そういった高度なアノテーションや学習データ生成への対応能力をスキルとして定義し、働き手、使用者双方に向けて可視化できれば、ゴーストワーカーは自分の得意な分野で効率的にアノテーションを行うことを選べるようになるうえ、特定分野での作業を続けることで蓄積したナレッジを生かして（狭き門になることが想定されるものの）他のゴーストワー

カーをマネジメントしたり、指南したりする側にステップアップすることも視野に入る。

使用者側としても、ゴーストワーカーのスキルに基づき、適材適所に作業を振り分けることで、より効率的に業務を回すことが可能になるだろう。そのためには、ゴーストワーカーとしてのスキルセットを何らかの形で可視化する必要がある。例えばゴーストワーカーが属する団体のようなものが存在すれば、スキルのフレームワークの提供や使用者からのスキル認定受け入れといった事業を行える。とはいえ、スキルを求められない労働内容が大半とすると使用者が団体に属さないゴーストワーカーを雇い入れることを阻止することは難しく、例えば団体に加入しているゴーストワーカーしか雇うことができない何らかの制度を作る必要があるかもしれない。また団体側も、例えば膨大すぎるアノテーションを短時間で処理するよう要求する業務依頼に規制をかけたりするような、加入者が搾取されない仕組みを整備することも必要になるだろう。

エッセンシャルワーカーが働く環境への提言
「エッセンシャルワーカー」は各職業で認定団体を設置し、公式の認定を労働者に付与することで、労働者がキャリアアップに利用していく方向性が考えられる。現在でも看護師、社会福祉士が持つ認定団体・協会のような形で公式の資格を発行しているが、同様の形で資格が給料に直結するような仕組みを整えることで、仕事内容に見合った給与を受け取ることが可能になるだろう。また、専門性や特別な資格を求めないタクシーやバス・トラック運転手などでも、積み荷の効率や運行の定時制など、客観的な指標でそのスキルを評価することもできるだろう。そのスキル認定は必ずしも厳格に定められたものでなくとも、その現場や組織、コミュニティーごとの制度や経験によって定められたものであっても、ある程度の信頼性を担保できればワーカー、ユーザーともに有用なものになるだろう。

しかし、現状はこうしたエッセンシャルワーカーが職種ごとにネットワークやコミュニティーを構築するプラットフォームは確立されていない。そのためには、まずは各職種でハローワークのような人材募集の仕組みを持つプラットフォームを整備し、ネットワークをつくることが必要になるだろう。これにより、エッセンシャルワーカーは認可されたプラットフォーム上で人材のソーシングを行ったり、キャリアに応じて認可スキルを取得したりすることで、キャリアアップや給与アップしていくことが可能になる。

　エッセンシャルワーカーの仕事は、その仕事そのものが社会を支えるという自尊心に支えられる面がある。スキルや資格の認定は、彼ら彼女ら自身の自尊心の担保にもつながる。資格や認証を細分化・分散化させることで、コミュニティーごとにキャリアアップを支援する仕組みとしていくことが、全体のサービスレベルと労働者の処遇の向上を両立するポイントになるだろう。

多様性とイノベーションの関係

社会課題の解決というイノベーション

　AI時代の企業には、社会課題の解決によってイノベーションを起こすことが求められており、企業の存続はこうしたイノベーションをいかにして創出するかにかかっている。そして、イノベーションは多様性から生まれるという性質ゆえに、企業が社会課題を解決できるイノベーションを創出するには、企業にも多様性が求められる。企業の多様性は人材がもたらすが、性別や国籍といった属性の多様化だけではなく、価値観など内面的要素の多様性も重要になる。このCOLUMNでは、AI時代における人材の多様性を掘り下げていく。

　AIは革新的な技術であるが、垂直統合のビジネスモデルを持った特定の企業が要素技術からサービスまでを独占することは少ない。通常は水平分業のエコシステムが構築され、クラウドサービスとしてあらゆる企業や人が利用できるようになると想定される（AI機能を提供する企業は、プラットフォームやイネーブラーと呼ばれる）。このような状況を想定すると、AIに技術革新が起きても、そのメリットは特定の企業の独占にはならない。言い方を変えれば、自社の製品・サービスだけを進化させて技術面の差異化を図ることは難しくなる。つまり、技術革新が製品・サービスの「ウリ」にはならなくなる。すると、差異化の要素は、ユーザー個人や所属している地域・グループ・組織の社会課題の解決にどれほど寄与するかになるだろう。

　また、AIはデータに基づいて学習し続け、その結果を反映していく。それに伴って製品・サービス内の技術は日進月歩で更新されるので、技術面の進化に人はそれほど驚かなくなる。代わりに重視されるのは、製品・サービスに対するユーザーとしての評価やユーザーエクスペリエンスになると想定される。これらは、製品やサービスの機能的な価値より、製品やサービスを通じて解決し

ようとしている社会課題に大きく左右される。AIが発展するにつれ、企業は技術革新より社会課題の解決がイノベーションの中心となっていく。

　ここで改めて「イノベーション」とは本来どのような事象を指す言葉なのか。まず、イノベーションの定義を見てみよう。「イノベーション」は1911年に経済学者のジョセフ・シュンペーターが定義したとされている。その定義は、「①消費者の間でまだ知られていない新しい財貨（モノ・サービス）の生産」「②新しい生産方針の導入」「③新しい販路の開拓」「④原料あるいは半製品の新しい供給源の獲得」「⑤新しい組織の実現」の5つとされている。

　日本の「イノベーション」という言葉の使われ方は、欧米のそれとは若干異なっている。日本では、1958年に政府の「経済白書」においてイノベーションが「技術革新」と訳されて紹介され※、現在に至るまで定着しているように思われる。日本におけるイノベーションの認識は、本来の定義の一部しか捉えきれていない。シュンペーターが示したイノベーションの定義にあるように、イノベーションは決して技術革新にとどまるものではなく、社会に新しい価値をもたらすものと捉えなければならない。

※https://www.jcer.or.jp/column/kojima/index628.html

　日本版のイノベーションが間違っているわけではないが、技術革新という言葉はシュンペーターの定義の一部しか捉えていないため、本来型のイノベーションを創出するには技術によらない要素についても検討を行う必要がある。

　例えば、ビジネス思想家のマイケル・ポーターは、「企業によるイノベーションは社会課題の解決に引き寄せて検討すべきであり、技術革新によりすぎたイノベーションはかえって社会課題を引き起こし得る」と捉えている。ポーターは、「今後は社会問題を解決することでビジネスが利益を生むことができる」と述べている※。近年はポーターの思想のように、企業は社会課題を解決する方向

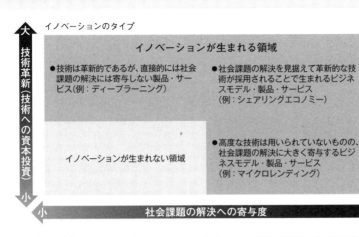

図表4-A　技術革新と社会課題の解決への寄与度で捉えたイノベーション
出所：筆者

で製品・サービスをつくり、課題解決に寄与できる存在として社会に新しい価値を与えることをよしとする社会的風潮が高まってきている。

※https://www.globalcitizen.org/en/content/solving-social-issues-good-business/

　上記の考察から、改めて「イノベーションとは何か」を整理すると、「イノベーションとは技術革新だけではなく社会課題の解決を追求した製品やサービスの開発やそれによる社会へのインパクト、新しい価値の創出を重視すること」と整理することができるだろう（図表4-A）。

属性と内面的要素、多様性を生む2つの要素

　このように社会課題が重視されると、当然ながら企業は社会課題を取り込もうとする。ただ、高度経済成長時代のように社会の大多数が共通した課題を持つ時代ではなく、今日の社会課題は多種多様である。なぜならば、所属している集団や属性によって課題は異なり、また個人としての価値観に起因した課題が同様の価値観を持つ人々に共有されている場合もあり、結果として多様にな

らざるを得ないのである。このため、企業は多種多様な社会課題を的確に捉え、その解決に貢献できる製品・サービスのアイデアを出していくことが必要である。そのためには、社員個人の属性や価値観が多様でなければ、多様な課題を捉えることも、その解決アイデアを生み出すこともできない。社会課題を中心にしたイノベーションを実現するには、その組織が一つの事象に対して多角的な視点を持ち合わせていると言えるほど多様な個人を抱える必要がある。

　技術面でのイノベーションにだけ注目しても、創造性の源泉として多様性が求められることに変わりはない。AI自身が機械学習によって日々の技術的な更新を実現できるとしても、AIは人が与えた目的の範囲でしか学習できないという制約がある。AIが機械学習して実現する技術革新は、実は連続的な技術の更新でしかなく、今までの前提を覆すような技術革新を実現することは難しい。すると、非連続な技術革新、ノーベル賞に値するような発明の類いは、実は人間の創造性に依存するという性質は変わらない。そして、そのような非連続の技術革新は、技術陣や研究所の中だけに限られず、本書のCOLUMN「組織はAIでレバレッジできるか？」で記した製造現場のように広い範囲で求められるのである。

　こうした主張を裏付けるものとして、多様性のある組織はそうでない組織に比べてイノベーティブであることを証明する調査結果もある※。ボストンコンサルティンググループのパートナーであるRocio LorenzoとMartin Reevesは、８カ国（米国、フランス、ドイツ、中国、ブラジル、インド、スイス、オーストリア）にある様々な業種1700社を対象に、管理職の多様性（性別、年齢、国籍、キャリアパス、業界のバックグラウンドなど）と、イノベーション創出の関係を調査した（2018年1月に実施）。調査結果によると、管理職の多様性が高い組織ほどイノベーション創出数が多く、特に職務経歴の多様性と人種の多様性がイノベーション創出の数との相関関係が強いことが分かっている。同様の調査からの示唆として、均等賃金などの公正な雇用の実践、参加型リーダーシップ、多様性に対するトップマネジメントのサポート、オープンなコミュニケーションの実践

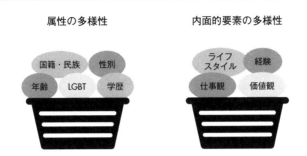

属性の多様性　　　　　　内面的要素の多様性

図表4-B　多様性には「属性」と「内面的要素」の2種類がある
出所：筆者

がされていることが多様性の維持につながると指摘されており、人材の多様性の高い組織における適切な人材マネジメントや多様性に対する従業員の意識の高さを上げることがイノベーション創出のためにも重要であることが分かる。

※https://hbr.org/2018/01/how-and-where-diversity-drives-financial-performance

　では、多様性とは何だろうか。ジェンダー、LGBT、国籍、保守とリベラル、様々な軸を思い浮かべることができよう。大きく分けると、国籍・民族、性別、年齢、人種、LGBT、学歴といった属性の要素と、ライフスタイル、経験、仕事観、価値観といった内面的要素の2種類がある（図表4-B）。属性の多様性は、国や地域によって重視される項目が異なる。多くの日本企業は女性従業員の採用や女性管理職比率を上げるといった性別を重視しており、年功序列から能力重視へという風潮は年齢の多様化に寄与している。一方、米国では人種の多様性がことさら重視されるといった特徴がある。日本企業がグローバル企業たることを目指すのであれば、今後は性別の多様性だけではなく、国籍や人種といった他の属性について多様性を強化する必要があろう。加えて、経験、価値観、仕事観といった内面的要素の多様性について認識を強めるべきではなかろうか。

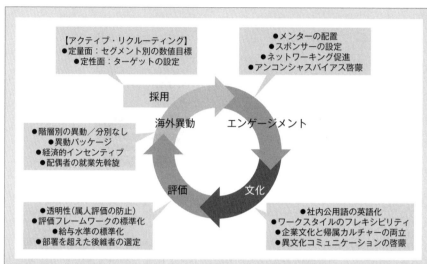

【アクティブ・リクルーティング】
●定量面：セグメント別の数値目標
●定性面：ターゲットの設定

●メンターの配置
●スポンサーの設定
●ネットワーキング促進
●アンコンシャスバイアス啓蒙

採用

海外異動　　エンゲージメント

●階層別の異動／分別なし
●異動パッケージ
●経済的インセンティブ
●配偶者の就業先斡旋

評価　　　文化

●透明性（属人評価の防止）
●評価フレームワークの標準化
●給与水準の標準化
●部署を超えた後継者の選定

●社内公用語の英語化
●ワークスタイルのフレキシビリティ
●企業文化と帰属カルチャーの両立
●異文化コミュニケーションの啓蒙

図表4-C　イノベーションを創出するためのグローバル企業の施策
出所：筆者

内面の多様性

　日本の企業がイノベーションを創出するには、人材の多様性の受容とそのためのマネジメントの優先度を上げて取り組み始めなければならない。日本市場のみがサービス提供対象だからといって組織内に人材の多様性を持つことを怠ってしまえば、他国の企業との競争力はすぐに差がついてしまう。それでは、実際に企業がイノベーションを創出していくためには、組織内部で何を行う必要があるのか。筆者らはグローバル企業をインタビューし、実際に取り入れられている施策を**図表4-C**のようにまとめた。

　図表4-Cは、多様性を高めつつ（ダイバーシティー）、その多様な人材が実際に安心して活躍できる仕組みをつくる（インクルージョン）という2つの要素を一連のサイクルとして描いている。「採用」と「海外異動」のプロセスでは、各組織における人材の多様性を維持する。続く「エンゲージメント」では、それぞれの属性や内面的要素に近いメンターやスポンサーを配置し、組織内の多様な人

材の中で個人が孤立することなく帰属意識を高められる体制をつくる。「文化」では、各個人が持つ多様な価値観と、組織が持つ統一的な文化を両立させていく。「評価」では、評価者と評価対象者の価値観が異なることを前提に、価値観の違いが評価のブレを生まない仕組みを用意する。以下、詳しく見てみよう。

　サイクルのトリガーとなるのが「採用」である。企業は、応募してくれた学生から優秀そうな人を採用するという受け身の採用ではなく、組織に取り入れるべき人材の定量・定性の両面から指標を定めて採用する。つまり、ケイパビリティと多様性の両面から、どのような人材を何人採用するのかを定めるのである。そのためには、自社内のそれぞれの組織や事業で求められる具体的なケイパビリティを明らかにする必要がある。そして、出自、属性、価値観を問わず採用するのか、多様性を実現するための定員を定めるのかについても、あらかじめ定めておくことが望ましい。つまり、組織が求めるケイパビリティや価値観などを持つ人材が、それぞれどの程度必要なのか数値目標を立て、数値目標に到達するように人材を採用していくのである。また、多様性を実現するためには、応募を待つだけではなく、指標を満たすような学生や転職希望者に対して、採用側が積極的に接触する手法（アクティブリクルーティング）も求められよう。単に多様な人材を採ればよいというだけではなく、その人材は、組織が用意したインクルージョンの仕組みによって支援できるかという視点も求められる。

　次に、「エンゲージメント」のフェーズでは、社員個人の孤立を防ぎ、企業への帰属意識を高めるために、主にインクルージョンを目的とした施策が有用だ。これは、個人の価値観を受け入れることと、組織としての一体感を両立させていくものといえよう。例えば、入社したばかりの社員一人ひとりにメンターを付けたり、出自・属性・価値観で近い社員同士がコミュニティーをつくりネットワーキングを促進したり、多様な人材を管理する側のマネージャー層人材向けにアンコンシャスバイアス（無意識の偏見）を取り除いて多様なバックグラウンドから来ている部下と円滑にコミュニケーションをとったりするといった取り組

みが挙げられる。具体的には、チームワークへの寄与やモチベーションの高さなどを指標化することで、多様な人材を取り込んだチームづくりができるようにしたり、メンバーを選定する際に、候補者が望むキャリアパスや関心のある領域、伸ばしたいスキルなどを考慮して人員配置を行ったりすることで、従業員のエンゲージメントを向上させることができるだろう。

　エンゲージメントの活動によって草の根で組織が多様性を受け入れることに慣れてくると、組織全体で多様性を肯定的に受け入れる「文化」活動フェーズに進む。これは、帰属集団が持っている多様な文化と、組織としての文化を両立させる取り組みである。例えば、母国語が異なる多様な社員を雇用している組織であれば、共通の言語でコミュニケーションをとるために社内公用語を英語にするといったことが挙げられる。また、働き方の多様性を認める組織であれば、定時勤務の他に、時短勤務や早朝シフト、夕方シフトといった形でワークスタイルの柔軟性を認めていくことになるだろう。

　イノベーション創出の観点でいうと、その土壌づくりの一環で、コーポレートカルチャーのような、現場の多種多様な従業員が意思決定する際の指針となるものを企業のトップが従業員に対して提示する方向性が考えられる。例えば、世界60カ国に250以上のグループ企業を有し、13万人の従業員を擁するジョンソン・エンド・ジョンソンでは「クレド（我が信条）」という、企業理念・倫理規定として、世界に広がるグループ各社・各社員が共通して持つべきものを提示している。また、急速な拡大を続けるAmazon.comでは、「Our Leadership Principles」という求める人材像をグローバルで統一し、全社員が大切にすべき行動指針として示している。

　これは抽象的な概念で言うとCollective Identity（集合的アイデンティティー）と呼ばれるものであり、人の地位や関係性についての共有された概念を意味する※。集合的アイデンティティーが組織に存在することにより、属性や価値観が

異なる従業員が同じ場にいる環境であっても、周りから意見の否定や無視されることなく心理的安全性を保った心地の良い環境に属することができる状態を指す。トップのカリスマ性が強い企業、ベンチャー企業、そして独自のフィロソフィーを持つ企業を除き、多くの日本企業はこうしたコーポレートカルチャーの言語化やクレドの打ち出しを苦手としているように見受けられる。そしてそのような企業の多くがボトムアップで企業カルチャーが形成されていると仮定すると、まずは現場レベルで多様な人材を採用し、彼ら彼女らのアイデンティティーに基づくアイデアを一旦集約することで企業カルチャーを再構築できるだろう。

※ Polletta, Francesca, and Jasper, James M. Collective Identity and Social Movements. Annual Review of Sociology, 2001.

「評価」フェーズでは、多様性を受け入れる文化を実際に業務レベルでも見えるようにする。属人的な評価を防止するため、人事評価の透明性を高めたり、人事評価のフレームワークを組織で統一したり、（特定の仲の良い部下に引き継ぐことをせずに公平性をもって後継者を選定するために）部署を超えた候補者の中から後継者を選んだりといった取り組みの方向性が考えられる。例えば、マネージャーが組織内で意思決定を行う際には、マイノリティグループのアイデアを引き出せるようにマネージャーやプロジェクトリーダーがうまくファシリテーションし、チームビルディングを行う際には、HR Techを用いてスキルや経験だけでなく、同じ目標を目指して力を合わせられる人員配置がうまくできているかどうかを検討することが大事になる。

これまで日本企業に導入されてきた抽象的かつ曖昧な評価基準を捨て、高いケイパビリティを持つ人材（AIが不得意な3つの特徴を補うエキスパートや、AIなどITの利活用そのものを支えるエキスパート）が公平に評価される仕組みを取り入れることで、企業は従業員から信頼を獲得できるだろう。評価においてインクルーシブであるということは、マネージャー層において多様な働き方や価値観を認めていくうえでも重要である。一般社員の多様性が高まり介護や育児への理解が広がる一方で、管理職は男性ばかりで女性が増えないという問題を抱

えているとしたら、そこには画一的な管理職像や"出世の花道"のような異動経験により昇進・昇格が運用されてきた恐れがある。

　多様性の受容を前提とした評価制度の仕組みができれば、おのずと海外拠点との人材交換や海外異動にまつわる様々な仕組みを整備することになるだろう。既に外資系企業であれば、日本支社の優秀な現場社員を本社に派遣し経験を積ませることもあれば、逆に本社から現地法人にエグゼクティブとして派遣して経営目線を経験してもらうといった取り組みが実施されているが、日本企業であっても多様性が受け入れられる状態になっていれば、そのような取り組みを人事異動の一つのオプションとして組み込めることはできるだろう。

　ここまで説明してきた施策を実施し、多様な人材が自分の仕事内容やキャリアパス、評価に納得できれば、企業としては多様性のある人材プールを確実に確保できるようになり、多種多様なアイデアに基づくイノベーションを連続的に創出できるようになるだろう。

人材評価は多軸化し、横比較できなくなる

AIと共存する未来では、人材をどのように評価すればよいのだろうか。人は、AIなどデジタル活用の領域に加え、AIが不得意な3つの領域、つまり創造的思考、ソーシャルインテリジェンス、非定型対応で能力を発揮することが求められると述べた。そして、人のケイパビリティは、「機能的スキル」「運用スキル」「コンピテンシー」という異なる3つの要素に分かれると述べた。AIが不得意な3つの領域とIT活用の領域があり、3つのケイパビリティの要素があると考えるだけで、ケイパビリティを測るモノサシが一つでは足りないことは容易に想像できる。

ジェネラリストの総合職は「地頭の良さ」などと呼ばれる一般的な教養と知識を持った汎用的な人材を採用し、OJT(オン・ザ・ジョブ・トレーニング)を通じて社内で育成していきたい。能力評価は、人事異動しても適用可能なように汎用的にならざるを得ず、個人が持つ専門性は、留意事項ともいえる副次的な情報として扱われることも多かったのではなかろうか。

これに対し、AI時代に活躍するエキスパートの能力評価は、その企業や業務において実際に必要となる機能スキルや運用スキルを取捨選択することから始まる。必要なスキルは多岐にわたるので、能力評価は多軸化する。そうなると、人によって能力評価で用いる軸は変わってくるので、多様なエキスパートを横比較する共通の軸はつくりにくくなる。

AI時代のカギとなる人材とされるデータサイエンティストを考えてみよう。データサイエンティストはデータ分析に必要となる、情報工学の知識やノウハウを持っており、各種ツールを操作するスキルにも秀でているであろう。では、そのデータサイエンティストが高いコミュニケーション能力を持ち、顧客に直接プレゼンテーションを披露したうえで交渉を取りまとめることは必須であろう

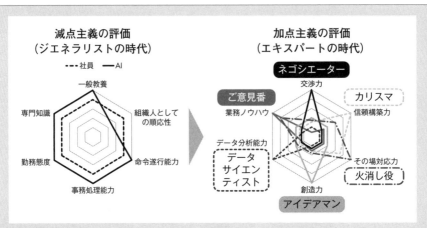

図表4-D　ジェネラリストとエキスパートの評価
出所：筆者

か。もちろん、両方できる素晴らしいデータサイエンティストを抱えていれば交渉まで任せてよいだろう。しかし、交渉に優れたネゴシエーターといった違うエキスパートがいれば、データサイエンティストと協力して業務を進めることができる。つまり、データサイエンティストに交渉力などソーシャルインテリジェンスのケイパビリティは必須ではない。

　さらに、データサイエンティストは、AIとデータから魔法のように素晴らしい分析結果を得るわけではない。仮説を用意し、データセットを使ってその仮説を検証していくのである。すると、ビジネスの現場でAIによる分析を役立てるには、その会社の業務に通じていたり、その会社の製品・サービスが利用されている現場の状況に明るかったりすることが役に立つだろう。このようなノウハウが豊富な人材は、業務経験を積んだ中堅以上に多く見られる。他方、最新のAI関連スキルを持った人材は、比較的若年者が多くなるだろう。つまり、両方を兼ね備えることは容易ではない。すると、AIを使いこなせるデータサイエンティストと現場仮説をつくり出せるご意見番が協力することが有効になってくる。

このように、多軸化した能力評価において、多種多様なスキル軸のすべてで評価されるような人材は想定し得ない。得意分野が異なるということは、人それぞれ不得意分野があるということでもある。総合職の能力評価では、汎用的な軸を前提とし、事務処理が不正確であるとか欠勤が多いといった、ともすれば減点主義で能力評価をしていた。これに対し、エキスパートについては多様な能力のうち優れているものがあればその能力軸だけで評価し、他の能力軸を考慮しない加点評価が重要となろう（**図表4-D**）。

第5章

In the digital future How will it change?

組織に適した
トランスフォーメーション

5-1 イントロダクション

　第1章から第4章では、デジタル化による多面的な変化を、「産業構造と労働力」「人のケイパビリティ」「AIと人が共存した業務」という要素に分け、それらの関係性を解き明かしてきた。どの要素もデジタル化によって大きな影響を受けること、そして各要素がお互いに絡み合っていることがご理解いただけただろう。続く本章では、デジタル化という変化を成功させるための道筋を提案する。AIを核としてデジタル化という技術革新が到来した以上、これから第四次産業革命が進展していくことは避けられない「変化」である。ここまで読み進めた読者は、「変化」が社会と働き手にチャレンジを迫るものであることをよくお分かりであろう。ならば、受け身で変化の荒波にのまれるよりも、積極的に挑戦を成功させる方法論を探ることこそ有用だ。実際、第3章でご自身の得意・不得意を踏まえ、どのようなケイパビリティを伸ばすかを検討された方もいるだろう。

　問題は、デジタル化は産業構造や組織および業務というフィールドで発生するため、個人の挑戦だけでは完結しないことだ。では、組織がデジタル化に適した形に変わるには、どうすればよいのか、その試案を提示することが、本章の役割である。理屈のうえでは、DX（デジタルトランスフォーメーション）を成功させる方法は4パターンある。

成功パターン1「デジタルネーティブ、ディスラプター」
成功パターン2「プラットフォームによる独自エコシステムを構築している組織」
成功パターン3「とがった特徴を持ち、業界内で差異化できている組織」
成功パターン4「規制産業、ドミナント、高ブランドによる競争優位、自己変革を推進できるDX 1.0の組織」

デジタル変革が到来した業界

成功パターン1	成功パターン2
デジタルネーティブ、ディスラプター	プラットフォームによる独自エコシステムを構築している組織

自律性重視 ← → 秩序重視

デジタル変革の波

成功パターン3	成功パターン4
とがった特徴を持ち、業界内で差異化できている組織	規制産業、ドミナント、高ブランドによる競争優位、自己変革を推進できるDX 1.0の組織

デジタル変革前夜・未到来の業界

図表5-1　4象限で示したDXに成功するための4パターン
出所：筆者

　これらを4象限で示したのが**図表5-1**だ。まずはこの図の軸を説明しよう。第1章で示したように、デジタル技術によって産業構造が突き動かされるので、ある産業がデジタル化の荒波（＝ディスラプト）による影響を既に受けているのか、嵐の前の静けさを保っているのかによって状況は異なる。これが縦軸であり、図の上側の産業はデジタル技術を核にしたベンチャーがディスラプトしていたり、先進企業がデジタル時代の新しいエコシステムを構築したりして、産業全体としてデジタル化による変革が生じている。一方、図の下側の産業は、

デジタル技術は部分的に使われているものの、従来のビジネスモデルが破壊されるほどの荒波は受けておらず、来たるべきデジタル化に向けて戦々恐々としながら準備が進められている。もっとも、どの産業であれ、いつかはデジタル化という変革を経験することになる。つまり、図の下側の組織はデジタル化の進捗とともに減っていくと想定される。

　次に横軸である。第4章で示したように、デジタル時代に適した業務の進め方において、自律的な働き方を求められるのか、非自律型の人材を予定するのかによって変革の内容は異なってくる。右側は、個人の自主性よりは組織力を重視している場合であって、従来の大企業の多くはこちら側である。一方の左側は、組織の力よりは有能な個人の突破力を尊重する傾向にあり、変わった人材を抱えた企業やカリスマ的な創業者を持つベンチャー企業などが該当する。

　デジタル化が起きた産業に属しているか、自律的な働き方を求めるかという2軸により、4つのパターンが生み出される。

DXに失敗した組織

　ここで押さえておきたいことは、**図表5-1**は成功した組織の分類であり、何も対策を講じていなかったり、変革の進め方に失敗したりすれば、この枠組みの外にある失敗した組織へと転落するということだ。つまり、**図表5-1**には失敗した組織を描いていない。

　経営層が過去の勝ちパターンに拘泥してデジタル化を拒む、という失敗パターンも想定されるが、筆者らが多くの経営者やリーダーと対話した限りでは、DXに失敗した組織の圧倒的多数は変革に積極的であった。むしろ、「自らの組織に適した変革の方法を選ぶ」ことにこそ、失敗の危険が潜んでいるように思われる。というのも、DXは、ただデジタル技術を採用して使いこなすものではなく、様々な観点の改革を相性の良い組み合わせで進める必要があるから

だ。デジタル時代に適したエコシステムを作り、そのエコシステムに合わせて業務内容を再構築し、業務に合ったケイパビリティを備える人材を確保し、そうした人材が業務しやすい環境へと組織を最適化する、という一連のパッケージをつくり上げれば成功に近づく。

　同業他社の成功事例をただまねただけで成功することはない。失敗要因としては、組織内で抵抗が大きい改革には手を付けない、担当者によって改革の熱意や巧拙に差が大きい、本来は性質の違う2つの施策を各々の担当部署がバラバラに推進している、といったことが挙げられる。

成功4パターンに到達した道のり

　図表5-1の成功4パターンをどのようにして導いたのか、少し説明しておこう。まず、この4パターンは論理的な思考だけで生み出したものではない。筆者らは、仮説を構築しては、国内外の経営者、成功企業のキーパーソン、学識者とディスカッションを重ねてフィードバックを得てきた。カンファレンスで有意義なスピーチを聞けば、その演者にコンタクトして時間を割いていただいた。講演にお呼びいただければ、出席された経営者の方の率直な思いや悩みを伺ってきた。こうした対話の中から触発されて生み出されたのが、**図表5-1**の4パターンである。

　筆者らは最初、未来の職場像を描いた。それは、プロジェクト制、イノベーションの促進、フラットな組織といった要素からなるもので、そこには単一のイメージがあり、一定の自信とともに違和感を残した。多くの日本企業にとって、その未来像はあまりに遠く感じたからである。実際、そうした未来像に対して「既存事業を抱える自社には縁がなさそうに見える」「すべての企業が米国西海岸のベンチャーのようにイノベーションを追い求めるわけではない」といったコメントをもらった。

それによって、描き出した未来像そのものへの自信は揺らがなかったし、野村総合研究所のコンサルティング事業本部で部分的にせよ実現できている環境が西海岸ベンチャー特有の姿だとは思えなかった。一方で、こうしたフィードバックとのかい離を究明しなければ、提言が絵に描いた餅になることは想像に難くなかった。製造業はもちろん、運輸やエネルギーといった、安定した現場業務が重要視されるインフラ企業であっても納得を得られるモデルをつくること、それがいつしか目標となった。

欧州企業を研究するも壁にぶつかる

そこで、日本と同様に製造業の多いドイツを中心に、欧州企業の研究を始めた（5-2で説明）。研究で分かったことは、トランスフォーメーションのキーパーソンは誰しもが信念を持ち、その信念を体現する手法を見いだしていたことである。トランスフォーメーションに挑む道筋や姿勢は一つではなく、ある人は感情に訴えかけるエモーショナルな手法を得意とし、ある人はロジカルかつ組織的なアプローチを好むといった具合に、いくつかの流派ともいえる違いが見受けられた。次なる課題は、当然ながら、この流派が何の違いから生まれるのかという点にあった。

DXの学問的研究にも触れつつ、先行事例から成功要因となる打ち手を探っていくと、再び壁にぶつかった。1つ目の壁は、先行事例に多く見られる打ち手を整理することはできるが、必ずしも共通項がないこと。2つ目の壁は、同じ打ち手を講じていても成功する場合と失敗する場合があり、それをうまく説明できないこと。3つ目の壁は、海外事例に比べると国内における事例では有能なキーパーソンの個人的成功として総括されることが多く、再現可能な汎用的なアプローチとして構成しにくいこと。

ようやくたどり着いた2軸4象限で示すアイデア

流派の違いと3つの壁を解き明かすために、筆者らの議論は半年に及んだ。

5年におよぶ研究の過程を改めて振り返りながら、組織・人材・業務の在り方・ビジョン・改革の浸透策・改革を維持する施策といった要素の結びつきを緻密にひもといていきながら、デジタル化と自律性という2つの軸で整理する案にたどり着いたのである。

　たどり着いた仮説は、**図表5-1**の4象限に示したように「DX成功パターンは4つあり、産業の置かれた状況と、組織の性格によって最適なパターンは異なる」というものだ。組織に適したパターンを選ばなければ、どれだけ成功の多いパターンであっても失敗することがあるだろう。自社に適したパターンを選んだつもりでも、施策の中に相性の悪い他のパターン向け施策が紛れ込んでいると、改革が迷走することがあるだろう。

　ここまで来てようやく、成功と失敗を一通り説明できるモデルになった。これまで議論してきた「人とAIの共存」や「ロール型人材・ジョブ型人材」といった役割の在り方といった観点で見ても、4象限で異なる要求を示しており、パターンごとに検討する必要性への確信を深めている。

デジタル化の多様な側面を集大成として描出

　本章では、**図表5-1**に示した4つの成功パターンのそれぞれについて、何が重要な特徴で、その特徴にあった改革のパッケージをつくり上げるとしたら、どのような施策が候補になり、それはなぜなのかを追求する（**図表5-2**）。本書で描いてきたデジタル化の多様な側面を集大成として描出したものである。

　本章で書いたことに対して、先進的な企業の経営者から「自社の特徴に照らして納得できる」というフィードバックを頂いている。ただ筆者らは、「この試案は未完成である」と自覚している。理由は2つある。一つは、どの企業や組織も4象限のどれかにきれいに収まることは少なく、複数の性質を合わせ持っていることが多い。そのような場合、実際の改革ではより複雑に施策を組

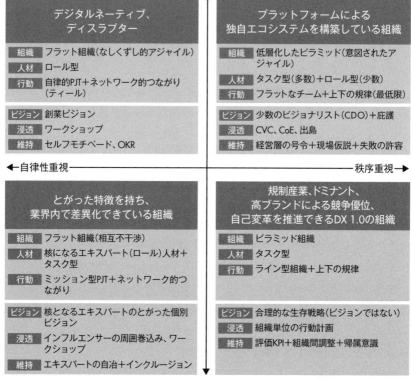

図表5-2　DX成功4パターンの具体策
出所：筆者

み合わせる必要があり、実際には対応できない可能性がある。もう一つは、本書で取り上げている施策の他にも、日々新たな施策が登場しているという情報の鮮度である。本書の試案をたたき台として、読者の組織に最善な施策を試行錯誤していただくことを期待している。

5-2 DXケーススタディー

　まずは、ドイツに拠点を持つ2つの組織の対照的なDX成功例を説明する。イーライリリー・アンド・カンパニーとドイツ銀行で、どちらも長い歴史を有する大企業である。

5-2-1 事例 イーライリリーのドイツ拠点／巻き込み型の変革

　イーライリリー・アンド・カンパニー（以下、イーライリリー）は、米国に本社を置く世界的な製薬会社であり、ドイツ・オーストリア・スイスを統括する拠点がドイツにある。2014年、ドイツ拠点のジェネラル・マネージャーとして就任したシモーネ・トムセン氏は、ドイツ出身で直前まで日本に赴任していた。トムセン氏は、業績に苦しむドイツ拠点を立て直すため、イーライリリーのグローバル・リーダーシップ開発コンサルタントであったステファン・バウアー氏に協力を求め、ドイツ拠点の変革に乗り出した。

　変革に向けた初回のワークショップにおいて、バウアー氏は瞑想やビジョニングといった内省的なプログラムを用意した。当初は12人のリーダーから成る参加者は懐疑的な態度だったというが、ひとたびワークショップの狙いが参加者の間で共有されると、リーダーたちはビジョン作りの一体的なチームへと変わった。

　実は筆者らも、あるカンファレンスにおいて同氏がファシリテートするワークショップに参加したことがあり、その際、当初は宗教行事に迷い込んだような不安を感じた。ワークショップの目的はチェンジマネジメントだが、そこで行われているのは瞑想など身体活動であり、それらがどのような関係があるの

か納得感を得られなかったからだ。しかし、ひとたび共感が醸成されれば、話に集中することができた。

　イーライリリーのリーダーたちのチームは、"自分たちが最も誇りとしたいこと"をビジョンと位置づけて、「2020年までに、オーストリア、スイス、ドイツで最も人道的で顧客中心の製薬会社になりたい」と定めた。これは、一見すると抽象的だが、組織の方向性を踏まえて具体的な行動を判断できるビジョンである。というのも、「模範的なリーダーシップは社員の意欲と顧客満足度に影響し、最終的にはビジネス上の成果につながる」というサービスバリューチェーンの考え方に、参加者が賛同した結果だからだ。

　ワークショップで作られたビジョンを広める場として、120人のリーダーが集まるリーダーシップ会議が選ばれた。しかし、トムセン氏がワークショップ運営の大役を委ねたのは、会議を本来リードするリーダー側ではなく、既成概念にとらわれない若手のリーダーシップ・チャレンジ・チームであった。ゴールはビジョンを"伝達する"ことではなく、ビジョンの"実現に取り組む情熱を各自が持つこと"にあると考えたからである。各部署で影響力のあるメンバーが集まった若手チームは、バウアー氏の叱咤激励の下、参加者を巻き込むワークショップを5カ月かけて準備したのである。

　カンファレンスでもインタビューでも、バウアー氏はマインドセットの方法論を押しつけない。そうではなく、参加者に合わせた方法でエモーショナルに働きかけ、各人が自らの動機と意思をもって自発的に参加し、変革を体験するように促していく。改革の推進方法としてワークショップは多用されているが、コンテンツはもちろんのこと、参加者が一体化できる仕掛けについても入念に準備することでワークショップを成功させ、その後の成果につながっている。

　結果として、ドイツ拠点は翌年には早くも低迷から脱出し、業績目標も2年

早く達成した。変革には衝突や摩擦がつきものであるが、イーライリリーのドイツ拠点では、うまく乗り越える工夫が見られた。まず業務面では、変革のための行動を、組織の行動原理であるサービスバリューチェーンを再定義しながら作り込んでいたからこそ、企業の戦略と整合的に推進できたのである。次に組織面では、ピラミッド組織そのものを壊すことはしないものの、ピラミッド型の思考・行動を減らすように取り組んだという。権限・透明性・柔軟性があれば、誰もが声を上げ挑戦することに抵抗がなくなり、変革へのコミットメントとエネルギーが高まるという。

さらに企業文化においては、強制を好まない社風に合わせ、リーダーが自らの変革を部下に見せ、対等な目線に立って巻き込んでいくスタイルをとった。バウアー氏は、とりわけ苦労した点として、伝統的にライン型の組織であった営業部門の変革を挙げた。変革に共感するリーダーの育成と、リーダーから周囲への浸透に忍耐強く取り組んだという。トムセン氏とバウアー氏は変革を「巻き込み」と捉えており、反対勢力と対決する姿勢を好まない。共鳴する人々が増えることで、反対していた3分の1ほどの人にも影響を与えていったという。それは、変革のためのケイパビリティである「マインドセット」が、現代ではネイチャー（先天的に備えたもの）ではなくナーチャー（後天的に学習できるもの）であるという立場からと思われる。

2021年現在も、トムセン氏を継いだペトラ・ユンパー氏の下、変革は継続し、進化させたビジョンを掲げ「共通善のバランス（Common Goods Balance）」を製薬業界で初めて取り入れるなどの成果を生み出している。

5-2-2 事例 ドイツ銀行コーポレートインベストメント部門／
アジャイルへの改革

　ドイツ国内最大の銀行であるドイツ銀行は、テクノロジーとイノベーションの創出に多額の投資を行う戦略をとっている。加えて、テクノロジー、データ、イノベーションの最高責任者を、ドイツのソフトウエア企業であるSAP社から招聘するなど、DXに向けて外部の人材を積極的に活用している。当時ドイツ銀行のコーポレート＆インベストメントバンキング部門でアジャイル改革をリードしていたボントレ・センネ氏は、元コンサルタントでインタビューに際しても論理的に話す人であった。

DXは本社機構の一部門のように継続的に実施され続けるべきもの

　彼女は、ドイツ銀行における改革の特徴として、テクノロジー部門とビジネス部門が物理的にも心理的にも近い一つのチームとして機能していることを挙げた。これは、DXはそれ自体が目的ではなく、現場のビジネスとして実現することができて初めて意味があるからだ。ただし、すべてが現場主導で行えるわけではなく、そのチームに対して経営層が最適なリーダーを指名し、庇護することも重要であるとしている。中間管理職には、チームの障害除去をリードできるリーダーシップを習得し、自身から変革してチームを巻き込んでいくことがアウトプットとして求められる。こうした変革の行動を、スコアカードとして幹部層のKPIに入れることで推進力を確保した。

　しかしドイツ銀行のアジャイル改革も、すべてがスムーズに実現できたわけではない。銀行のような伝統的な金融機関は大きな変化やそれに伴うリスクを嫌うので、似た文化を持つ他社事例を参照したり、社内で成功を共有したりすることで心理的抵抗を下げる工夫が見られた。特徴的なのは、センネ氏はDXについて、一過性のプロジェクトやプログラムのようなものではなく、ある意味で本社機構の一部門のように継続的に実施され続けるべきものであると捉え

ている点である。「『もう十分に監査をしたので、これからは管理をしよう』とはならないように、DXも継続的に行われるべきものです」と彼女は言う。さらに、業務を変更する際には、新旧を併存させながら問題が無くなれば新しい業務プロセスに移行するデュアルトラック手法を用いているのも、慎重な銀行業界ならではの手法である。

DX推進のキーパーソンは「アジャイルコーチ」

　同社のDXを推進するうえで非常に重要な役割を果たすのがアジャイルコーチである。1人のコーチは2～3チームしか同時に担えないため多数のコーチを必要とする。改革開始当初は、アジャイルコーチを担えるスキルを持った人材が社内にいなかったことから外部のコーチを採用していたが、現在では社内に一定数のコーチを有している。実際にアジャイルコーチとしての業務を行うことしかスキルを高める手段がないことから、当初は社内のコーチ候補者が外部のコーチと共に業務を行いながらスキルを学んでいた。やはり社内の文化に精通した人材の方が、アジャイルコーチにはふさわしいという。

　慎重な企業文化に合わせるという考え方は、同社の取り組みの人材育成にも現れている。センネ氏が携わった改革では、従業員は「マーケットプレイス」と呼ばれる場で1年間のスキルの再教育を受けることができる。新しいスキルを学ぶことにコミットすることが求められる代わりに、プログラムを受けている間は解雇されないことが保障されているという。当然ながら新しいスキルに興味を持てず去っていく例も存在したが、「解雇するつもりはなく、従業員の教育に投資する意思がある」と示すことは、従業員の安心感の醸成につながっている。

　従業員への評価の仕方も独特であり、個人への評価は従業員自身がオンラインのテストなどを通じて自己評価すべきであるとしている一方で、業績評価はチームに対する評価で行うとしている。チームへの評価は定量評価、定性評価

の両面を採用している。定量的な観点としては、リリース頻度や障害発生頻度、障害発生時の復旧速度といった項目で、事実と数字から公正な評価を行っている。定性的な観点としては、アジャイルコーチが業務フローやチームの心理状況、現在の状況などについてチームメンバーと対話しながら評価し、品質管理も兼ねている。

テクノロジー部門とビジネス部門の混成チームでは、成果に対する貢献を役割別に公正に割り振ることが困難であると推測されることから、個人ではなくチームで、結果に対する定量評価を中心に採用しているものと考えられる。

5-3 本章への筆者個々の思い

　次に、**図表5-1**で示した成功4パターンを説明するが、その前に、筆者ら研究チームのメンバー、一人ひとりが本章でまとめていることに何を感じているのかを記そう。筆者ら研究チームもまた多様性に富んだメンバーで構成されている。

「4パターンに該当しない企業は見つめ直した方がよい」執筆：小野寺
　DXやディスラプションによる成功は、これまで述べてきたような組織の構造や規模だけが要因というわけでも、高度な技術を早期に導入できたからというだけでもない。DXやディスラプションに成功していく企業を調べていくうちに、組織によって、組織の中で羽を伸ばして活躍できる人材のタイプは違うし、組織の文化や意思決定の在り方によっても成功までのロードマップの引き方は変わってくることが分かってきた。よって、すべての要件について「こうあるべき」というベストプラクティスは定義できず、ある特徴を持った企業はこのような要件を整えて、DXを進めていく方が勝ちパターンといえるという説明をしたい。

　逆にいうと、この4パターンに該当しない企業は、自らの境遇を見つめ直した方がよいだろう。それらの企業は、このままでは市場での競争に敗れ衰退していく未来が見えている。そのままDXまたはディスラプションができずにゆでカエルまたは温暖化による海面上昇で沈む孤島となる未来がある方向に進むのか、今このタイミングでかじを取り直して新たな方法に進み出すのか。本章をきっかけに今後の自らの所属する企業の在り方または自らの進むべきキャリアを考え直してみてはどうだろうか。

「目指すべき組織の姿は様々。自分たちなりの姿がある」執筆：岸

　DX時代の個人と組織を考えていくと、個人がスキルを生かした働き方を基に人ならではの付加価値を発揮すること、組織はそれを支援し促す文化とルールを持つことが重要であると分かった。一方で、個人と組織の働き方について先進的な取り組みを進めている各社の様子を見ると、必ずしも組織は一様な姿を目指しているものではなかった。

　スタートアップのような、オープンでフラットな自律的な組織を目指すことでダイナミックなビジネスを展開する姿もあれば、組織のガバナンスが強く効いていることでビジネスを強固なものにし確固たる地位を築いている大企業のような姿もある。一方で、DXの流れに伴い破壊的な技術や価値観の変化が生じる中、時流を捉えることで持続的に変化していくビジネスを実現する柔軟な企業の姿もある。かたや、構造変化が起きにくい業界で市場ニーズを的確に捉えた特色あるサービスやプロダクトを提供することで成長を続けていく姿もある。

　重要なのは、内外の環境に伴って目指すべき組織の姿は様々であることだ。誰もがGoogleやメルカリを目指すのではなく、自分たちなりの組織の姿がある。その環境の中で個人がAIの力を拝借し最高のパフォーマンスを発揮することで、イノベーションの創出につながり、会社が成長し、未来を開いていくのである。

　筆者らの研究チームでは、個別企業における「組織と個人の自律性の強弱」と「その業界におけるデジタル変革の有無」によって企業が直面している内外環境を整理し、それぞれにおいて目指すべき組織の姿を、一つの方向性として提示した。未来のことは誰にも予測できないが、現状で見えている未来の姿を勝手に描くことはできる。自分たちが所属している組織の立ち位置を認識するとともに、これからの未来に向けてどういった姿を目指していくか、考える材料となれば幸いである。

「一律の方法論は通用しない。成功企業は自社をよく見ている」執筆：光谷

　世の中に存在する企業のタイプは言うまでもなく多様であり、だからこそそれぞれの企業に適したデジタル化の方法論もタイプごとに異なっている。フットワークの軽いインターネットベンチャーと重厚長大な製造業、イノベーションを起こし続ける必要がある企業と生活を支えるインフラを提供する企業など、事業形態もスピード感も異なっている中で、一律の方法論が通用するとは考えにくい。

　では、どのような「タイプ」が想定されるのか。そのタイプについて外部環境と内部環境それぞれの観点で、どのような違いがみられ、その違いが最適な打ち手にどう影響しているのだろうか。

　外部環境としては、業界としてデジタル化によるディスラプトが既に起きているのか否かが大きい。金融業界はFintechの潮流によってゲームルールが一変したことに見られるように、イノベーションの求められる速度が変わり、ついていけない企業は急速に力を失い、波に乗れた企業は明確な意思の下に組織の在り方さえ変化させている。

　内部環境としては、その組織における人員の自律性が高いかどうかが大きい。これは組織がもともと営んでいる事業と深く関連しており、自律的に新しいことを考え生み出していくことが求められる事業（インターネットサービスや娯楽産業など）と、一定程度のトップダウンによる統制が求められる事業（製造業やインフラなど）では、企業文化も行動規範もすべてが異なっているためであり、その特徴に即した戦略が求められる。

　これらの軸の組み合わせで成功事例といえる企業を捉えてみると、各社がなぜ成功に至ったのか、より深く理解することができる。成功している企業はいずれも、デジタル化という大きな流れの変化に対応する際に、置かれた状況と

自社のありようをしっかり反映させた形で方向性を打ち出している。

「外部要因でも内部要因でも変化する」執筆：上田

　図表5-1に示した4パターンは、組織単位で捉えるものであるが、それは企業全体であるとは限らない。事業部によってエコシステムが違う場合もあれば、グループ会社の中で企業文化が異なる場合もあるだろう。

　当初は、「経営層の掲げるビジョンが重要である」、また「クレドといった企業文化と関係しているのではないか」という仮説を持って事例に当たっていたが、企画部門と現場では違うとか、ビジネスモデルやエコシステムによって違いがあるといった実例を重視し、一つの企業であっても複数のパターンが併存し得るようモデルに修正を加えていった。これは、全社で改革に挑んだ際に、有力な事業部門が反対するために挫折したといった失敗を回避するヒントにもなる。他方で、全社統一的な施策を経営トップの主導で推し進めることが難しい場合があるということでもある。

　もう一つ意識していただきたいのは、組織の置かれた状況は外部要因でも内部要因でも変化することだ。図表5-1の縦軸はその産業におけるデジタル化の進展を表しており、ディスラプターが自らの産業に登場したといった外部要因によって、下側の象限にいた組織が上側の象限に移ることを余儀なくされる変化は当然に発生する。また、企業の中でイノベーション組織を立ち上げたり、外部企業と提携してジョイントベンチャーが生まれたりすれば、規律を重んじた右側の象限にいる組織から、左側の象限に属すべき自律的な組織が新たに生まれることがあり得る。反対に、創業時の経営陣が交代することでベンチャー精神が薄まって統制を意識した組織文化が重視されれば、左上から右上へと移ることもある。こうした、象限を移動するエネルギーにも着目し、どの象限にいくためには、何をどう変えればよいのかという視点でも読んでいただきたい。

5-4 成功パターン1 デジタルネーティブ、ディスラプター

　本節から**図表5-1**に示した４つの成功パターンを順番に見ていこう。最初は左上象限の成功パターン１「デジタルネーティブ、ディスラプター」である（**図表5-3**）。

自律性を尊重、組織構造はフラット

　成功パターン１は、業界として既にデジタル化のディスラプションが発生しており、なおかつ高い自律性を有する企業群である。この象限に属する企業のうち、既に創業してからしばらく時間がたった企業の場合、自律性の管理を意識することで、早い段階から自己変革が発生するエコシステムを築き上げ、その結果デジタル化ができている。一方、ベンチャー企業など創業して間もない組織の場合、創業者・創業メンバーらによって自然発生的な自律組織が築き上げられ、創業したときからデジタル企業になっている。

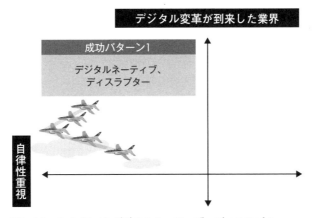

図表5-3　成功パターン１（左上）デジタルネーティブ、ディスラプター
出所：筆者

成功パターン１の組織に共通して言えることは、デジタル化をはじめとするイノベーションを継続的に起こしていくために、自律性を尊重し、フラットな組織構造を有している点である。それらの特性を維持するためにも、彼らはチーム制で仕事をすることや所属部署にとらわれず各社員の専門性などの特性をベースとした働き方を重要視している。こうした働き方は、ライン制による非自律的な働き方と異なり、ある部署に所属している人々がある仕事を遂行するためにチームを組成するのではなく、チームの掲げる目的を遂行するために必要なスキルやケイパビリティを持つ人材が所属部署に関係なく集められて一緒に働くのである。

　この働き方を前提とする場合には、似通ったスキルやケイパビリティを持っている人々が集められることはなく、様々な方面で専門性を持つ人が集められるため、おのずと組織のダイバーシティー＆インクルージョンが追求されることになる。そのため、社員同士が自らと他者の違いを認識し、他者の価値観を受け入れることに寛容であるCollective Identityが形成されており、画一的でない新しいアイデアが生まれやすい環境をつくることができている。

企業のトップの問題意識が人材を引き付ける

　成功パターン１の組織文化における特徴として、多種多様な専門性を持つ人材が集まることが重要視されているため、組織上の文化や人材の共通項は薄いことが多い。一方で、企業という環境を通じて実現したいことについて、社員同士が共通認識を持っている傾向は他の象限に比べて高い。その他、採用した人材に対する入社プロセス（オンボード）でも、企業の目指すビジョンへの共感といった認識共有が重視されている。よって、「高いモチベーションを持って働く人材が集まっている環境で仕事をしたい」であったり、「会社があることを実現したいと思っていることに共感しており、そのビジョンの実現に貢献したい」という人が集まっている環境が形成されている。

このような「あるビジョンを実現したい」という社員の内発的動機の醸成に大きな影響を与えているのは、企業のトップの問題意識やトップ周辺社員の問題意識への賛同である。そして、問題意識が共有されているということは、各自が仕事を通じて実現したい価値、ひいては価値を実現する姿勢が似ていることにつながる。個人の資質（ネイチャー）としての価値観が近い人が集まることで、コンピテンシーとしてのモチベーションが近い集団が生み出されるのである。

　創業からしばらく時間がたっている企業の場合は、新しい社長が社員に対し強いメッセージを訴え、それへの賛同を得ることに成功しているといえる。創業間もないベンチャー企業の場合は、創業メンバーが強いビジョンを持っており、そのビジョンに共感した既存企業のインフルエンサー層が周囲に伝播することで、周りからの賛同が得られる状態が可能になっている。

人とAIのオーグメンテーションが起きる

　成功パターン1の組織は、デジタル技術を用いたビジネスを既に確立することができており、ビジネスをアナログからデジタル移行させようと試みる組織群とは一線を画す立ち位置にいる。彼らにとってデジタル化は目的ではなく、自社のビジョンを実現するために提供する商品やサービスに当然付随してくるものであり、ビジネスを行うための"手段"そのものである。そうしたデジタルの商品・サービスを企画し、開発していくうえで、当然従業員の業務自体もデジタルに適したものとなっており、アナログでの業務は最小限にとどまっている。

　例えば、自社が有する検索エンジンプラットフォームにおいて、ユーザーが検索する言葉から自社サービスに関する意見に注目し、どのような不満や使いやすさをユーザーが感じているのかを把握し、それらの情報を基にサービスの改善を行っていく。非デジタルビジネスであれば、ユーザーからの意見を拾い

上げて商品開発に生かすには部署横断で対応する必要があるが、デジタルでは一気通貫で行うことが可能になる。

　提供する商品やサービス自体がデジタルなのだから、それらを作る工程はなるべくデジタル技術を用いて業務を効率化し、人ならではの創造力を働かせようというマインドが強い。そのため、業務を改善するプロセスの中で、自然と人とAIのオーグメンテーションが起きるサイクルが回っている。この象限に属す企業は、自社の商品・サービスをデジタル化し、業務をデジタル化する過程で自然と業界の新しいリーダーの地位を確立することができており、時代の最先端でビジネスを行っている。しかし、高い技術を持っているからといって、そうした技術を振りかざすようなことはせず、あくまでもユーザー視点に立ったうえで、ユーザーが自社の商品・サービスを通じてよりよい体験をするためにはどうすればよいかを考える。彼らは、商品・サービスのさらなる改善を行う一貫としてユーザー体験（User Experience）の改善を継続的かつ徹底的に行い、ユーザー体験をより良くする手段として強みである技術を用いる。

組織が大きくなれば成功パターン２の象限に変化
　業界そして時代の最先端の地位に君臨するこの象限の企業では、取り扱うビジネス自体が最新であり、企業に属することで、エキサイティングでイノーベーティブな仕事をしたいと熱望する人材が集まってくる。それらの企業への就職を希望する候補者たちは、専門家としての十分なスキル・技術を備えており、企業が求めるロールに対応することができるケイパビリティを有する。例えば、企画・開発といったクリエーティブ業務を担うロール型の人材である。これらのロール型人材は各人が異なるエキスパートであり、お互いに専門性を尊重し合いながら、それぞれのミッション・レスポンシビリティに沿った価値を提供していく。一方で、ルーティン業務や事務は、基本的には自動化されるかまたはジョブとして業務をこなす人材に業務移管される。ジョブ型の人材はアウトソーシングによって調達され、派遣社員や契約社員としてこれらの会社に

雇われる。

　上記のような組織の体制や文化は新しいものごとへの移行が早く、イノベーションをつくり出しやすい仕組みが構築されているといえる。しかし、時がたち企業の規模が肥大化したり、組織内の人が入れ替わったりすることで、徐々に組織の形相が変化する可能性もあるだろう。組織の規模が肥大化し、事業が成長していくと、事業ごとのビジョンにズレが生じ、活動の整合性をとる業務が求められるようになると、右上の象限の組織に近い状態に変化していく。例えば、風土・文化の面では、もともとはティール型で自発性が求められる風土で上下の命令関係がフラットだった組織は、組織内の人材の中で経験値の差に基づく上下関係が生まれ、統率しやすい効率的な組織にするためにピラミッド型の組織に移行していく可能性がある。

5-5 成功パターン2 プラットフォームによる独自エコシステムを構築している組織

　次は右上象限の成功パターン2「プラットフォームによる独自エコシステムを構築している組織」である（図表5-4）。

ディスラプトに組織として対応

　成功パターン2の右上の象限に属するのは、業界として既にディスラプトが生じており、なおかつ自律性が相対的に低い組織である。破壊的イノベーションの登場などにより業界内でのディスラプトやゲームチェンジが起きた際に、そのような状況に対抗するようなイノベーションを創発する仕組みや、デジタル化への推進を進めていく体制づくりを行っていくことで、ディスラプトを乗り越えられた企業が該当する。

　ディスラプトへの対応の際、「社員の自律性を重視してイノベーションが生

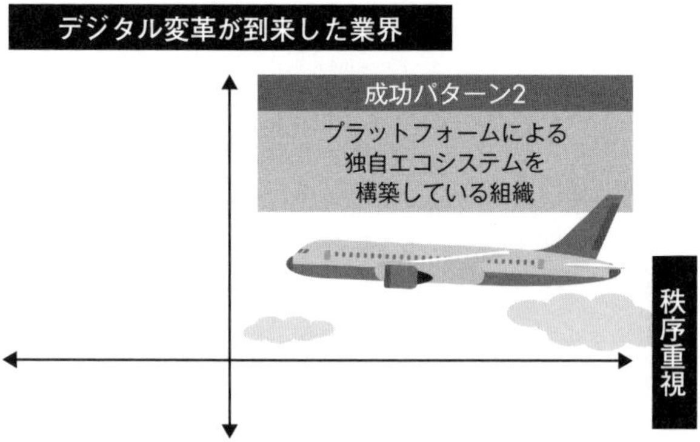

図表5-4　成功パターン2（右上）プラットフォームによる独自エコシステムを構築している組織
出所：筆者

じる土壌をつくり出す」か、「企業の制度・ルール・環境をイノベーションが起こりやすい形で設計する」といった対応が想定される。前者を選んだ組織は成功パターン1、後者を選んだ組織が成功パターン2になる。成功パターン2に属する企業は、社歴が長い・企業規模が大きい・業務プロセス重視である（業務の円滑な遂行がプロセスの順守によって担保される）などの理由により、業務管理の重要性が高い企業や、業法による制約が大きく自律性を高めることが難しい企業、あるいは設立当初は自律性が高く成功パターン1に該当していたものの、企業規模が拡大するに当たり管理の必要性が高まり、結果的に自律性を犠牲にして成功パターン2に分類されるようになった企業も該当する。

経営層が推進するケースと、現場が推進するケースがある

　成功パターン2はディスラプトに対応できた企業であるが、対応を推進するに当たり経営層自身が実施するケースと、中堅層や現場が実施するケースが考えられる。経営層が実施する場合、中堅以下の（ともすれば保守的な）現場に対して、これまでのやり方とは違う働き方を浸透させることが重要になる。経営層による取り組みとしては、社員に対して明確なビジョンを見せ、共感を得ることが挙げられる。経営層、あるいは経営層から信託を受けたデジタル化担当（CDO：Chief Digital Officerなど）はデジタル変革へのビジョンを策定し、経営層はその推進に対して号令をかける。なお、成功パターン2の企業の場合、ビジョンの内容はデジタル変革という手段や、変革の妨げを除去することそのものを目的として掲げることが多い。対照的なのは成功パターン1の企業であり、彼らは企業自身が重視する価値観や世界観を体現したものがビジョンとなり、その手段としてデジタル化が位置づけられる。

　CDOなどのデジタル化推進に責任を負う役職を置く場合、経営からの明示的な庇護を与えることは浸透に向けた重要な取り組みの一つである。ミッションを負った立場の人によるデジタル化の推進に当たっては、反対派のボードメンバーの説得や社内の抵抗勢力へのアプローチなどにおいて、経営からの明示

的な支持の基に推進しているという大義名分が必要になるシーンが多く発生するためである。

　中堅層や現場が推進するケースでは、問題意識を持つ一部の社員が草の根的に立ち上げ、上長や経営層の追認を得ながら進めていく形になる。この場合においても、会社全体の取り組みとして拡大していくためにはいずれかのタイミングで経営からのオーソライズを得ることは不可欠である。

現場主導はハードルが高い

　このように定められたビジョンに基づき、系統立ててデジタル化を推し進めるのが成功パターン2の企業の特徴である。実際には、マインドセットを変えるための継続的なワークショップの実施や組織再編、新たなゴールに即した形でのKPI設定や評価体系の整理、明確な運用ルールに基づいた形でのアジャイル的な業務の進め方の導入、従業員のスキルアップやリスキル（新たなスキルセットへの転換）を実現する制度などが整備される※。

※このように、経営層が強力に主導する場合には、最初から組織全体で同時に推進することが可能である。しかし、主導する側が力不足である場合には変革の速度が不十分になるリスクがある。こうした場合、お手本となる小規模な実験部隊をつくり出すスモールスタート、改革に適した部署から順に行うフェーズ展開が選択肢となる。

　なお、中堅層や現場からの改革は、経営層が自主的にコミットするよりもハードルが高くなる。現場感覚としての危機意識を具体化したとしても、現在の業務・組織において成功を収めてきた上層部に対して自己否定にも聞こえる変革を納得させる積極的な活動が必要になるからだ。その場合、賛同してくれる経営層を見つけて巻き込んだり、現場から改革を実現する制度（社内新規事業コンペなど）を活用したり、社外取締役やコンサルティングなど社外からの提言を受けたりすることが考えられる。また、あらかじめ事業部制やカンパニー制へ移行することで、全社の承認なく機敏に変革できる構造にすることもあろう。変革を推進する中堅を育てる方法として、トレーニー、スタートアップ出向などの社外との交流がある。

個人と組織の一体的な変革が必要に

　社歴が長い・企業規模が大きい・業務プロセス重視である企業は、組織マネジメントを重視し、元来は指揮命令系統に基づいて業務遂行する文化を持ちやすい。よって所属している人材も、組織内の不文律も、自律的に動くのではなく階層構造の下で働くことを前提としている。すると、デジタル化を推し進めて（負け組ではなく成功パターン2になるためには）、個人と組織の一体的な変革が必要になる。個人に対しては、ワークショップや教育によるマインドセットの改革、組織の行動方針やクレドとしての周知や評価KPIによる行動変容といった働きかけが有効である。ただ当然ながら既存の業務スタイルを重視する勢力も現れると考えられ、彼らに対して周囲からの巻き込みによってマインドセットの改革を待つか、再教育などによって強制するか、あるいは再配置や解雇という強硬手段をとるかによって、デジタル化の実現速度は変わってくるだろう。

　自律性の度合いというのは、ロール型人材の位置づけにも現れる。組織としての長期的なビジョンと、ロール型人材のビジョンが一致している成功パターン1においては、ミッション型のロール型人材にかなり大幅な自律性を認めても成立する。一方で、成功パターン2においてはビジョンのすり合わせが前提となっていないため、ロール型人材であっても一定程度の規律が必要とされるレスポンシビリティ型のロール型人材が主となる。

アジャイルコーチとデジタルマスターが必要

　変革を持続させるためにも、アジャイルコーチとデジタルマスターが必要である。アジャイルコーチは、デジタルのサービスを開発するうえでの業務の進め方を現場メンバーに指南する役割を持つ人材である。アジャイルコーチのスキルを持つ人材は稀少なため、クロスファクション（複数の現場を横断する）部署に集めて現場を支援することが多い。デジタルマスターは、現場単位でデジタル化可能な領域を見極めながら現場仮説をつくる人材である。あるべき

業務の在り方を定義し、実現していくことを主導する立場である。変革初期は、場合によっては外部リソースを活用しながら確保する必要があろう。ただ、デジタル化が進んだとしてもすべての既存業務が完全デジタル移行できるわけではなく、決められた業務をこなすジョブ型人材も一定数残る。デジタルマスターが現場仮説と実現方法を設計し、ジョブ型人材を先導しながら変革を進めていく、という形でデジタル化が進んでいくものと考えられる。

　このようなデジタル適応の過程の中でも、成功パターン2の組織が長く採用してきたピラミッド構造が影も形もなくなる、ということは考えにくい。しかし、環境変化に合わせて機動的に対応するプロジェクト型の業務の増加などで横の連携が増えていけば、実質的には徐々にフラットに近づいていく。

　成功パターン2に属する企業における人とAIの関係性は、部門によって異なるものになる。データの収集や管理といった業務はデジタル化・自動化が進む一方、プロセス重視な業務が中心となる部門には当面はジョブ型人材が多く残るだろう。その場合でも、デジタルマスターによって現場仮説づくり、検証、実装を推進してAI活用が進んでいき、やがて必要なジョブ型人材の数は減少していく。企画など、イノベーティブな業務が中心となる部門は、人がAIをうまく活用し、役割分担しながら価値の最大化を図るオーグメンテーションが進んでいくだろう。生産工程などの現場部門においては、指揮命令系統は維持しつつ、その効率的な運用にAIを活用する、という形になる可能性もある。

ロール型人材はレスポンシビリティ型になる
　成功パターン2の企業にもロール型人材は存在するが、デジタル化達成の手段としてビジョンを掲げているという経緯から、ロール型人材の持つミッションと組織としての長期的なゴールがすり合わされていない。よって、各ロール型人材をマネジメントする必要があり、自律性と規律が併存する必要があるため、ロール型人材はレスポンシビリティ型になる。対照的なのは成功パターン

1であり、こちらは組織としての長期的なビジョンと、ミッション型ロール人材の持つビジョンが一致するため、ロール型人材の自律性を認めても組織の一体性が維持されている。

5-6 成功パターン3 とがった特徴を持ち、業界内で差異化できている組織

　左下象限の成功パターン3「とがった特徴を持ち、業界内で差異化できている組織」を説明しよう（**図表5-5**）。

自律的に動けるコンピテンシーの高い人材が出発点

　成功パターン3は、業界全体にデジタル化によるディスラプトが起きる前夜にあって、組織が強い特徴を保ったままデジタル化の特徴を取り込んでいる。組織の強い特徴は、人材が持つ個性的かつ専門的な能力を生かすことを重視している結果である。例えば、エンタテインメント業界のように業界全体として自律的な人材が多いような場合には、どの組織にもクリエーティブなプロデューサーが集まっており、プロデューサーに裁量を与えて成功している企業は成功パターン3に含まれるだろう。一方、電機や製薬のようにライン型の業務が多い業界では、現場組織には自律的な人材が少ない傾向にあるため、この

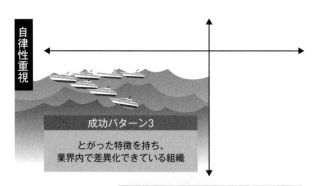

図表5-5　成功パターン3（左下）とがった特徴を持ち、業界内で差異化できている組織
出所：筆者

象限に含まれる可能性は低い。しかし、業界内で注目されるほどユニークな能力を持った人物、特にコンピテンシーを持った逸材を研究部門や企画部門に抱えていて、その逸材に自由度を認めていることが業績や評判につながっているような場合には、その組織だけが、成功パターン3になる。

　共通しているのは、高いケイパビリティを持ったカギとなる人材がやりたいことと、組織が進もうとする方向性がある程度一致しているため、エキスパートに自律性を認めつつも、組織全体で価値を創出できている点である。これは、各エキスパートが少しずつ異なった方向性を持っているけれども、組織全体の文化をボトムアップで更新し続ける傾向があるために、結果として組織が掲げるビジョンは、それぞれが大枠において合意できるような抽象度の高いゴールイメージとして醸成されるためである。対極となるのが成功パターン2であり、組織の設定した具体性の高いビジョンが先にあり、これを受けて各人が具現化に取り組んでいる違いがある。

　つまり、成功パターン3では、やりたいことを掲げて自律的に動けるコンピテンシーの高い人材を擁することが出発点となる。そうは言っても、最初からイノベーション人材としてのケイパビリティを見極めて採用することは至難である。そこで、様々な分野についてとがった人材、言い換えれば異なるケイパビリティに特に秀でた人材を集める、ダイバーシティーを重視した採用が打ち手となる。すると、多様な人材を抱えた"動物園のような"人材ポートフォリオができ、それぞれが他人と異なるケイパビリティに秀でているので"あの会社には面白い人が多い"などと評価されることもある。

エキスパートの自治権・裁量範囲を重要視
　人材のケイパビリティを評価する軸も、個人の多様性を反映して多軸となる。成功パターン1では、デジタルによるディスラプトを受けてデジタルに対するケイパビリティは一定の水準が求められ、そのうえで個人の価値観や経験の違

いによって運用スキルを中心に多様化している。それに対して成功パターン3
では、コンピテンシーが高いことは共通しているが、機能スキルや運用スキル
には多様性がある。

　通常、ダイバーシティーとインクルージョンはセットで語られる（COLUMN
「多様性とイノベーションの関係」を参照）。これは、多彩な逸材が集まっても、
各人が持つケイパビリティを十分に発揮できなければ成果に結びつかないから
であり、成功パターン3のインクルージョンは、各自のケイパビリティを発揮
できる環境づくりとなる。そして、ケイパビリティが異なれば、適した環境も
異なることから、エキスパートに一定の自律性を認める必要がある。つまり、
業務内容およびマネジメント手法については、画一化することは望ましくなく、
エキスパートに認められる自治権・裁量の範囲を適切に定めることが重要視さ
れる。逆に、自分のケイパビリティを生かせる環境を選ぶことで適材適所が実
現する側面もある。

エキスパートを中核とした個別チームが組成される

　業務環境にはデジタル化が含まれている。エキスパートは、自分の得意分野
におけるデジタルツールを使いこなせる人材であり、AIを含むデジタルのリ
ソースを駆使してロールを遂行する。これは、従来の業務プロセスのままでは
なく、デジタルに適した業務へと日々革新が起きており、自らがデジタルマス
ターとなって推進するという意味である。例を挙げるならば、エンタテインメ
ント企業のCG（コンピュータグラフィックス）、製薬でのAI創薬、あるいは
HR Techのようにオーグメンテーションが働く業務分野がある。しかし、こ
うしたデジタルの活用は、現場での個別の動きであるため、そのままでは組織
全体のエコシステムを変革することが難しい。

　それぞれのエキスパートは、自らの掲げるゴールに進むための人的リソース
を確保する必要がある。各エキスパートがどのような人員を必要とするかはお

互いに異なるため、呼び方は様々であろうがエキスパートを中核とした個別チームのようなものが組成されることが多い。サッカーや野球でチームごとにカラーや役割分担の仕方が異なるように、エキスパートにはチームのリーダーとして運営方針を決める自治権が委ねられる。チーム内の役割に対応してチームメンバーが参加するため、チームメンバーはロール型人材となる。

　成功パターン1はお互いに同様に優れたケイパビリティを持つエキスパートが集まって対等なチームをつくるのに対し、成功パターン3のエキスパートはチーム内で一歩秀でたケイパビリティを持ちリーダーとして振る舞う。すると、上司と部下という指揮命令の関係性によるピラミッド型にはなりにくく、リーダーに優先権がありつつも相互の信頼関係で結びついたフラットな集団になる。このため、組織間の壁は低く、ネットワーク型と呼ばれる緩やかな組織が向く。また、各メンバーのロールが異なる以上、業績評価に際して画一的な定量KPIを用いることは困難であり、究極的には個人ごとに個別に評価することとなる。

　もちろん、ジョブ型人材が担うタスクが発生することもあるが、その際にはチーム外のジョブ型人材の支援を得て実行する傾向にある。このため、自社に閉じた業務推進体制やビジネスモデルを構築することは少なく、自らのロールを自分で実施しつつ、不足するタスクでは他社と協業しやすいオープンなエコシステムを志向する傾向となろう。

上下関係の緩やかな階層を追求した組織運営
　経営陣に求められるのは、まず各エキスパートとの対話を積み重ね、各自が掲げるゴールと整合するような抽象的だったり射程が長かったりするビジョンを更新し続けることである。あるいは、親分格のエキスパートとして周りをけん引するようなビジョンを打ち出すことである。そして、人材の多様な在り方を認め、エキスパートが活躍できる自治権、上下関係の緩やかな階層を追求した組織運営が求められる。さらに進んで、組織の力学によって圧迫を受けるエ

キスパートが生じれば、その庇護に回ることで組織文化をアップデートする機会とできるような目配りも望ましい。 このような創業時からの思想を、企業のDNAとして受け継いでいる例が見られる。

組織的にビジョンを定めてディスラプトを乗り越えれば成功パターン2へ

　業界にデジタル化の破壊的な波が到達したとき、成功パターン3の組織はどこへ向かうだろうか。業界として維持してきたビジネスモデルを前提としつつ、限られた自治の範囲で創意工夫をしている場合には、上で述べたように現場主導では現場で取り組める範囲のデジタル化にとどまってしまう。個々のデジタル化を、組織全体としてデジタルに適したエコシステムへと脱皮させるならば、組織的にビジョンを定めてディスラプトを乗り越えることになり、成功パターン2へと進むと思われる。それはデジタル化の波を自分で実現することに他ならないから、**図表5-1**の下側の象限から上側の象限へと自力で進むことを意味する。そして、組織がエコシステムの変革を統一的に行うということは、自律性よりも統一的な動きを優先させるものであろう。**図表5-1**の下から上へ、左から右へという2つの移動を起こすものであるから、難易度の高いトランスフォーメーションになる。

　一方、現場がビジネスの在り方まで決められる主導権を認められている場合には、デジタル時代のエコシステムを生み出すことができ、高度な自律性を維持したまま成功パターン1へと進むだろう。新規事業部がスピンアウトするように、新たなエコシステムを構築したチームが独自に発展を続けていくのである。このとき、チームが残る組織のメンバーから足を引っぱられない、高い自律性が維持され続けることが重要であり、チームが新会社になるとか事業部を分割とか組織面での変更はさほど重要ではない。今持つ個性を生かしながら、ディスラプトの荒波を乗り越えられるようアップデートできる利点があるものの、スピンアウトが続けば組織としての一体性を失ったようにも見える点に難しさがある。

5-7 成功パターン4 規制産業、ドミナント、高ブランドによる競争優位、自己変革を推進できるDX 1.0の組織

　右下象限の成功パターン4「規制産業、ドミナント、高ブランドによる競争優位、自己変革を推進できるDX 1.0の組織」を説明しよう（**図表5-6**）。

デジタル変革前の業界

　成功パターン4は、デジタル変革が到来する前の段階にいる業界で、マネジメントが秩序的な文化を有している組織が属する。規制などの不可抗力があったり、業界内で強いデファクトスタンダードを取っていたりして、ブランド力が高く寡占化することで競争優位を有しているケースが多い。例えば、規制産業であり安全・安定性への要求から事業の自由度が低い電力などのインフラ、産業の歴史が古くビジネス形態が確立されている自動車や物流、既存の強いブランド力を発揮できておりリアルチャネルの重要性が高いためDX化の要求が

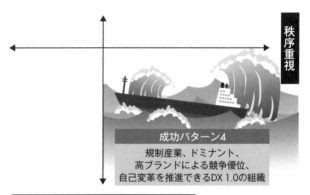

図表5-6　成功パターン4（右下）規制産業、ドミナント、高ブランドによる競争優位、自己変革を推進できるDX 1.0の組織
出所：筆者

小さい化粧品、といった業界が該当する。こういった組織では、組織において
ITの導入や業務の見直しによる自己変革が自社内で推進を続けてきた歴史が
あり、コスト効率を高めることで結果として高い競争力を発揮し続けている。

　具体的な施策としては、組織を重層的なピラミッド構造とし、ライン型の実
行部隊、すなわち事業部を設け、特定のジョブに対する専門性を高め業務に最
適配置することでコスト競争力を高めてきた。そこでは、経営層やマネジメン
ト層の一部はマネジメントに特化したロール型人材として位置づけ、大半は
ジョブ型人材が占める構造でガバナンスを効かせてきた。

　組織の意思決定は、組織の論理、すなわちロジカルシンキングの文化が強く
根付いている。説明と承認のプロセスを厳格に定め、組織の経験を蓄積するこ
とで効率性と柔軟性の両立を実現してきた。一方で、結果としてマネジメント
の最適な選択・判断が消極的・保守的になりがちである。DXの推進において
も、RPAの導入やBPO（Business Process Outsourcing）といった、ROI
（Return On Investment）を重視した説明責任を果たすことができる効率化に
とどまり、事業開発やPoC（Proof of Concept）といった投資的判断をすること
が難しい。そのためビジネスモデルの変革にまで至らず、効率化・省力化とい
う既存のIT戦略の延長にしかならないのである。

RPAによる自動化

　AIの活用という点では、従来の組織・業務のプロセスを維持するためRPA
のような具体的な業務の自動化が中心である。こうした投資対効果が見えやす
いところから入り、カイゼンの繰り返しによって、業務のプロセスを徐々に効
率化・自動化させていく。ヒトとAIの役割分担が意図された導入であるため、
AIとヒトの協働によって新たな付加価値を生み出すようなオーグメンテー
ションについては、新規事業として別枠での取り組みと位置づけられる。AI
による自動化が進むことで、シンプルなジョブを担当していた人材の総数は減

少ししていく。一部のハイパフォーマーはAIに学習させる教師データとなり、教師データそのものを作るタスクを人が担うようになる。

ただし、いつかはデジタル化ないしディスラプションを迎えるため、それまでの猶予期間に、AIやデジタルを前提とした（デジタルネーティブな）業務やビジネスへと進化させることが、長期的に組織を生存させる必須条件である。

社内抵抗によって変革は消えていく

昨今のデジタルを取り巻く急激な環境変化に対しては、経営レベルでは高い関心と備えにより意識できてはいるものの、長い歴史を経て確立された事業モデルやガバナンスを変えることには心理的な抵抗が大きく、ジレンマを感じていることも事実である。既存システムの意思決定メカニズムを変更することは自身やチームのキャリアにも関わるもので、変革の動きが社内抵抗によって消えていくというケースを目にすることも多い。

トップ経営層は、業界の流れに敏感に反応し行動につなげていることもあるが、現場を統括する部長級の中間層では、失敗を良しとしない組織の競争ルールによって具体的なアクションを起こせないことがある。外部環境の変化に適応し堅実に事業を成長させているからこそ、大きな変革への一歩は簡単ではない。

中間管理職が重要な役割を果たす

こうした堅牢な組織において重要な役割を果たしているのは中間管理職である。経営のビジョンそのものの作成では、中間管理職層が中核となり、組織行動を通じて、時代の変化、他社の動向を踏まえ、自社の合理的な生存戦略を論理的に選択・設定していく。その組織として決定された戦略をトップが承認することでビジョンが設定される。トップダウンに発表されたビジョンは、トップメッセージとして組織に浸透する。すると、組織の評価のKPIがビジョンに

連動した活動にひも付くようになるため、組織の中で自発的に具体的なアクションにまで落とし込まれていく。

　例えば、グローバル展開というビジョンが発されれば、これまでグローバルビジネスに関係のなかった事業部においても、中長期的なシナジーや波及効果についてロジカルに説明がつくようなアクションを具体的に設定し、それを達成したことを証明するようになる。そうした組織の論理の下、ビジョンがアクションにまで具体的に落とし込まれていくのである。こうした活動が組織の縦横で活発化することで、結果的に組織を越えてビジョンが浸透し、規範化する。

　こうした強いトップメッセージの発揮は、縦割りの既得権益や部分最適といった組織内対立が生じにくい構造になるという効果がある。こうして浸透した組織ビジョン、すなわち行動規範の実行役は中間管理職層であり、メッセージの作成から遂行までの鍵となる存在である。大企業化が進み市場を支配的に抑えていけばいくほど、こうしたマネジメントが効果を発揮していく。

所属組織へのロイヤルティーの高い人材が求められる

　人材の観点では、効率性を追求することは多様性の確保と相反する面がある。組織の構造が確立するにつれジョブが明確になり、スキルを重視した採用に近づく。組織内で自らのタスクに対して高いパフォーマンスを発揮することができ、自律性と柔軟性はそこまで求めず、所属組織へのロイヤルティーの高い人材が求められることになる。

　人事評価は事業部のミッションやKPIに基づきシステマティックに行うことができる一方で、マネジメントのうまい優秀なロール型人材、すなわちマネージャーの育成には課題を抱える。現場で成果を出した人（失敗をしてこなかった人という表現ができる場合もある）がマネジメントを担当するという構造であったためである。組織規模の大きくなっている会社では、採用において、幹

部人材としてハイポテンシャルなジェネラリストを確保し、採用後に時間をかけて選抜・育成していくという形をとっているケースも多い。人材育成のメニューを充実させ、部署異動や留学といた成長機会の提供を通じ、組織を支える人材を育成していく。マネジメントを担当できるロール型人材を、育成によって確保していくのである。

ビジネスモデルそのものの変革

　この領域に位置する組織は、ディスラプターの登場や、テクノロジーの革新によって、業界そのものにデジタルシフトが生じ、これまで強みとして確立してきたビジネスモデルが機能しなくなるというリスクを抱えている。その変化を敏感に捉えつつ、いかに自らの組織を変革できかが問われるようになる。

　ここでいう組織の変革とはデジタル化に対応する業務革新、さらにはビジネスモデルそのものの変革である。そのためにはヒトとAIの関係を、効率化の追求から新たな付加価値を生み出すオーグメンテーションへと変化させていかなければならず、それを実現するマネジメントの姿は、ジョブとタスクで定義される重層的な組織ではなく、役割を見いだし自律的に遂行するロールとレスポンシビリティで定義される分散的な組織の姿に近づいていく。

　出島戦略といわれるような、新しい独立した組織をつくることは一つの手段である。ビジネスモデルと組織文化を当初からデジタル・自律的なものとして立ち上げ、成功パターン1のような組織を設置することである。出島を構築する場合、出島側が独立して意思決定できることが変革の必要条件となる。一方で、既存の組織を変革させていくことを考えると、現実的に出島のような独立組織を実現することが難しい場合もある。

フラットな組織文化へのシフト

　図表5-1の右側から左側へのシフト（組織から個人へ）は、重層的で堅牢な

組織文化に適合する人材にとって、自律的なエキスパート※としてプロジェクトの中核を担うような自己変革は容易ではなく、そのため組織全体が移行することもまた難しい。現実解は、現状の意思決定構造を維持しつつ、実質的には右上の領域を目指していくことになる。

※独自のビジョンを構築し、実現に向けたコラボレーション、インボルブメントができるリーダーシップといったケイパビリティを持つ人材。

　ここで必要になるのは、ピラミッド型の意思決定組織でありながら、いかにフラットな組織文化にシフトできるかである。デジタル変革が迫る業界ではいかに自分たちの業務をそのデジタルシフトに対応させ競争力を強化できるかが競争になる。そのためには、これまで追求してきたジョブの明示による効率的な業務から、自らのミッションを認識してジョブを定義できるロール型の業務スタイルが現場に浸透することが必要である。具体的にできることの一つは、組織の意思決定の権限を低い役職が担うようにし、組織の意思決定体制をフラットにしていくことである。部長級の社員が担っているロール型業務を、課長級、係長級へと権限委譲していくことで、承認プロセスが簡素化される。意思決定と判断というロール型業務を経験させることで、変革に対応する柔軟性ある組織文化を築くことにつながる。情報をオープンに共有し、組織階層における情報格差を低減させることも、具体的な取り組みとなるだろう。

　こうした取り組みは日本独自の姿ともいえる。欧米では外部採用によるマネージャーの物理的な入れ替えによって、組織文化を強制的に変革することが多い。日本ではマネージャーを育てていくが、欧米は外部採用によってその機能を補完しようとするのである。

組織文化を定着させる仕組み

　AI時代における組織の備えとして重要なことは、組織の価値観を醸成し浸透させることである。AIが業務に入ることで、既存のあらゆる定型業務が置き換えまたは集約へと見直しを迫られる。そのうえでヒトがヒトでこそ活躍できる業務に注力していくことへとシフトしていく。その過程では、業務プロセスそのものを分解し、残すもの・残さないもの、人がすべきこと・AIがすべきこと、がおのずと分かれていく。例えば決裁を通すためにいくつもの押印のスタンプラリーを続けることは不要であろうし、認可を取るために形式的に一堂を集めて数時間拘束するような会議も必要がないはずで、それは多くの当事者たちが認識していることであろう。

AI時代の組織カルチャーをいかにつくるか
　長年変わることがなかった日本式業務プロセスは、コロナ禍によって劇的な変化が起きた。強制力を伴うリモートワークへの要請は組織の不要なプロセスを次々と削除し、本当に必要な業務が残されてきている。一方でコミュニケーションの在り方は模索が続いており、偶発性を伴うコミュニケーションが生まれる仕掛けをどうつくるか、そして、どのようにエンゲージメントを高め、イノベーションを生み出す組織としていくかについては、経営者に難問が投げかけられている。

　これは言い換えれば組織のカルチャーである。そのカルチャーが組織のルール、すなわち働き方であり業務のプロセスをつくっていくのである。しかし、この組織文化を醸成し浸透させることは簡単ではない。

　一方で、自然とそうしたカルチャーが根付いている組織もある。スタートアップのような駆け出しの組織では、強い個性（多様なスキル）を持った人材が小規

模に集まりチームを形成する。個々の多様な価値観があり、チームとしてクリエーティブなマインドセットがある組織として動く。そこでは形式的な会議は設定されず、必要に応じて、また時々は不要であるにもかかわらず、どこでも議論が巻き起こる風土がある。

ドイツのソフトウエア会社SAPが採った出島戦略

難しいのは大企業である。効率的なビジネスの形を追求し、リスクに対応する組織が出来上がっている。大企業のカルチャーとそれに伴うルールは、むしろ異質なものによるコミュニケーションコストを排除することによる全体最適の形を追求している。組織の強みはかえが効くことの冗長性にあるが、それは裏返せば個性の排除ともいえる。

一方で、大企業ながら抜本的な組織改革を実現した例もある。ドイツのソフトウエア会社SAPの事例を紹介したい。

SAPは、ドイツの産業構造の中に生まれた創業50年の老舗企業であり、ERPソフトウエアの販売において世界を席巻した。新しい事業の柱が必要になっていた同社が取り組んだのは、米国シリコンバレー拠点に「出島」を設置することである。そこでは、新規事業の研究開発機能を集中させ、組織文化や人事制度を独自で構築し、設置から6年で、売上高、営業利益、従業員数、時価総額、いずれの経営指標も2倍を超える成長を実現した。

シリコンバレー拠点のガバナンスとして、3つの大きな柱が言及されている。それは「デザイン思考を共通言語として徹底させたこと」「自社アカデミーでしっかりと身に付けさせたこと」「人材マネジメントにおける評価体系を改め、イントレプレナーの文化を醸成したこと」である。シリコンバレー拠点では、米国西海岸で現地採用した多様な国籍の職員で構成され、ドイツ本社とのシナジーやコラボレーションといった言葉はむしろ積極的に使わず、独自のカルチャーの下、

出島としての新規事業創出に注力したという。米国西海岸に進出する企業は数多いが、ここまで徹底してカルチャーを変革した組織は多くない。大企業が組織を変革することは、片手間なことではないはずだ。

トライアンドエラーのできる組織

しかし、多くの日本企業にとって、SAPをまねて米国西海岸に独立した出島組織をつくるのはそう簡単な話ではない。

業界のディスラプションに対応できるフレキシブルな組織というのは、言い換えればトライアンドエラーのできる組織である。失敗を恐れる組織は、失敗をしないことが第一に定義され、失敗をしないことが昇進につながる。一方で、失敗を恐れない組織は、新しいことに挑戦し、失敗から次の手を考え行動する。既存の常識が置き換わるAI時代に、どちらの組織がよりフィットしていけるだろうか。AIが間違えないのだから、人はどんどん間違えてもよいのではないか。人材は減点主義ではなく加点主義で評価していくべきで、ヒトがヒトであるからこそ発揮できる能力を評価するためには、失敗によって減点がされない組織でなければならない。その先には多様性あふれる組織の姿がある。

多様性が高まることで効率が低下することは否定できない。チームをうまくワークさせるための工夫が必要になり、組織に一貫した作法が必要になるだろう。例えばHR Techをはじめとするツールの導入はそうした一つの手段であり、人材の育成や組織のエンゲージメントに一定の方針を示すことができる。ジョンソン・エンド・ジョンソンが設置する組織文化を示す「クレド」や、Amazon.comやGoogleが示す人材の採用基準・チームメイキングの在り方といったCollective Identity（集合的アイデンティティ）の提示も、組織の作法を示すものといえる。組織の人材が同じ目的を持っており、コミュニケーションの手段が作法によって共通化されることは、多様な人材が集まる組織で効率と創造性の両立を担保する仕掛けだといえる。

自社に合う姿と作法はトライアンドエラーで見つけていくしかない

　大切なことは、多様な価値観を尊重する組織文化であり、それを担保する作法が存在することである。先述のSAPでは、イノベーションの創出というミッションとデザイン思考の実践を組織の作法に徹底したことで、目的と手段を一つに示したと理解することができる。しかし、どの組織でも同じことをすればよいというものではない。本章で示した成功4パターンから自社に合う組織の在り方や、それぞれでの具体的な作法の定め方を、試行錯誤をしながら見つけていかなければならない。世界的な大企業でもその方法はまだ確立していない。エリクソンでは、かつて市場を席巻した垂直統合型ビジネスから水平統合型へと変化を提唱した。GEでは、アウトプット重視の評価体系である9Blocksから個々人の能力開発を重視する方向に人材評価を変革した。ある時代に最先端とされたアプローチは、時代が変わることで見直しをされている。組織の在り方も、外部環境の変化に伴って、あるべき形は変化していくものである。

　結局、自社に合うような姿とそのための作法はトライアンドエラーで見つけていくしかない。本書で紹介したように、既に様々な組織で、新しい組織の姿を模索している。AIと共存する個人と組織の姿は、今後、様々なプラクティスを蓄積し共有していくことで、より議論を深め具体的な手段を検討していくことが必要である。読者の皆様が実際に取り組みを始めたならば、ぜひフィードバックを頂きたい。

第
6
章

In the digital future How will it change?

あなたに問うキークエスチョン

6-1 あなたの適応策を見つける手助けをする

　今、皆さんはデジタル化が社会・産業・働き方・個人の能力に何をもたらすのか、自らの言葉で語ることができる。世の事例や指南書をどれほど読みあさっても、デジタル化に様々なパターンがある以上、自身に最適な答えが示されている書籍などないことも、ご理解いただいているだろう。

　本書は最終章を迎えたが、パターン分けや早見表で皆さんの未来を無責任に占ったりはしない。最終章の役割は、自身の未来図と行動計画を、確かな理解に基づいて作り上げる手助けをすることにある。本書が読者自身に解を生み出すための思考を求める背景を、改めて本書の生い立ちを振り返りつつ補足する。そして、キークエスチョン、つまり皆さんが自身の未来図と行動計画を描出する際に、その要素について考えるための質問を提示して終える。

前著から4年、労働力不足は現実のものに

　前著『誰が日本の労働力を支えるのか？』（東洋経済新報社、2017年）は、労働力不足の未来に挑む読者に「複数の選択肢を持ち、選択の痛みに耐える精神力を持つことが、選択する力を持つことに他ならない。それこそが人口減少ニッポンを、個人が、自治体が、企業が生き抜くための唯一の道なのである。」と、自身が選択して遂行する重要性を説いて筆を置いた。それから4年たった今、労働力不足は現実のものとなり、精神論と人海戦術で事態を打開しようとする主張は影をひそめた。そして、デジタルの活用は好き嫌いの対象から不可避の挑戦へとなり、コロナ禍でのリモートワークは立ち後れた我が国のデジタル対応を一気に加速させた。4年前、我々が訴えた「AIと共存する未来」というコンセプト、デジタル化に向けた「選択」は現実のものとなりつつある。我々の微力がどこまで社会に影響したかは別として、提唱した身としてこれほどどう

れしいことはない。

　この4年の間、筆者ら研究チームは日々の多忙な現場業務の傍ら、研究を続けつつ出口を探ってきた。我々の活動は、野村総合研究所のR&D部門である未来創発センターにあって、「2030年研究室」というシンクタンクとしての矜持を示したような名称のプロジェクトを母体とする。そうであれば、提言したコンセプトに現実が追いつきつつある以上、さらに先を示さねばならないとの思いをひしひしと感じた。

　他方で、コンセプトを実現するための具体的な打ち手は、個人・会社・社会の抱える具体的な課題とその解決策を検討することで設計され、さらに実現するために不断の努力を積み重ねていくものである。このため、誰にでも適用できるような一般論としての提言をそもそも行いにくく、雑誌の連載や書籍において多様な読者を想定することは記載が一般論になりがちな難点を抱えてしまう。実際、現場で求められているのが一般論ではなく個人や自らの組織に最適化された具体策であることも、我々はわきまえていた。では、なすべきは何か、我々だからこそという付加価値は何か、そういう探索を重ねたのである。

　この間、世ではAIとの共存から進んで、デジタル時代への組織変革として「DX（デジタルトランスフォーメーション）」が叫ばれるようになり、DXを成功させるカギとして、「アジャイル」「カスタマーエクスペリエンス」「デザイン思考」「CVC」「CXO」など、多くのキーワードがあふれた。企業向けコンサルティングにおいて、各社に最適なデジタル推進策を提供するDX関連コンサルティングは、一大領域へと成長していった。そして、個人に対しては「21世紀型人材」「アジャイル人材」「データサイエンティスト」といった、組織が現在必要とする人材像が喧伝された。日本社会が一丸となってデジタル化に挑もうといった風潮は、デジタル化を後押しする意味では有効であろう。

「果たして第四次産業革命を乗り越えられるのだろうか?」

　しかし、表層の言葉だけが流行しても本質は見えにくいままであり、「トレンドに乗ってさえいればデジタル化が出来上がるような雰囲気で、果たして第四次産業革命を乗り越えられるのだろうか?」という危機感を我々は強めた。ここまで読み終わった読者は、本書がそのような個々の流行語をあおる本ではないことはお分かりのはずだ。こうした多様なキーワードの論理的な関係を研究者の協力を得てひもとき、また成功企業と失敗企業での取り組みについて生の声を聞きながら丁寧に検証することで、我々は自身が抱く変革像と世の流行との異同を徐々に理解していった。それは、端的に言えば「勝利の方程式は一つに収束しない」という気付きだった。そうであるならば、各人・各組織が自らに最適なデジタル化への適応策を見つけるプロセス、自己分析と選択を手助けする方法論を描くことが、我々の使命であろうと結論づけた。

　組織のDXについて方法論を述べた中には、本書と同様に2軸で4象限を描き、取り組みを分類するものが多い。しかし、4象限の左下と右上には、たいてい失敗と成功、あるいはDX未達成企業とDX達成企業が配置されており、2つの軸としてDXを成功させる最も重要な要素2つが選ばれている。こうした4象限において、DX成功のパターンはただ一つである。これに対して本書の**図表5-1**で示した図は、4象限すべてがデジタル化の成功であり、4つの異なる成功パターンから構成されている。失敗や未達成の組織は退場した図である。2つの軸は、成功のカギではなく、適切な成功パターンを選ぶための要素なのである。改革の姿は一つではない、その思いは、経営者の皆さん、改革の現場を担う皆さんとの対話から生み出され、2019年の夏を前にして一気に研究チームの仮説となった。

マインドセットはナーチャー(後天的に習得可能なケイパビリティ)に

　また、DXの方法論を論じるからには、その記述内容は再現可能な方法でなければならない。経営者やCDO(Chief Digital Officer)の個人的な資質や機

転、窮地を救う偶然の出来事は、個人に着目したエンタテインメントとしての武勇伝を演出するのであれば重要な要素ではある。しかし、他人が他の組織で再現可能な手法として描くためには、個人に特有の事情はあえて捨象しなければならない。これが、事例を要約する書き手の意識にとどまらないと気付かされたのが、ドイツでのワークショップであった。この数年、改革を遂行するためにはコンピテンシーの中にあるマインドセットが大事であることは広く指摘されていた。

　けれども、HRM（Human Resource Management）が方法論を発展させたことで、マインドセットがネイチャー（個人の資質）からナーチャー（後天的に習得可能なケイパビリティ）になり、改革を人為的に再現できる環境が実現したのだと説かれたとき、まさに目からウロコが何枚も剥がれ落ちた。マインドセットは個人に内在する気の持ちようではなく、ワークショップなどのプログラムを適切に設計することで対象者が経験を通じて習得できるもの、外部から働きかけることができるという意味で方法論を伴ったケイパビリティなのである。マインドセットについての方法論が存在することで、DXを推し進めるためにはマインドセットが重要だと記しても、それは再現可能な記述になったのである。

読者自身の最適な適応策を見つけてほしい
　そこから難解なパズルが始まった。

- 4つの成功パターンは、何に基づいて分かれているのか。
- パターンを分類する要素は、各パターンでの様々な具体策にどう影響するのか。
- 具体策相互の関係は、どのような論理関係なのか。
- 何が失敗を引き起こしているのか。

ほとんど先行研究がない中で、筆者ら研究チームは膨大な時間をかけて本書を構築していった。毎週のディスカッションは、研究チーム4人の思考とクリエーティビティーから生み出された結晶であった。毎回、対話の記憶をたぐりながら感性で方向性や仮説を模索し、論理と事例でそれを検証し合う。様々な外部会議室に集まり場所を変えることでクリエーティビティーを保つよう努め、インプットに不足すれば先進企業や有識者にディスカッションを依頼した。異なるケイパビリティを持ったメンバーが集まり、チームの一体感によって創造していくという未来像は、我々自身の経験から描き出したものでもある。だからこそ、自信を持って提言できるのである。こうした過程で、我々が未来図と行動計画を作るために必要とした構成要素、思考の各プロセスにおける選択肢は既に述べ尽くした。つまり、自らに最適なデジタル化への適応策を見つけるための方法論と典型的なパターンが、本書なのである。

　では、いよいよ読者自身の未来図と行動計画をお作りいただこう。質問は7つあり、順を追って答えることで考えを進め、完成するよう設計されており、答えが思い浮かばない場合は行きつ戻りつしながら徐々に明確なイメージへと仕上げていくこともできるだろう。

　これからも社会は変わり続け、皆さんの思いも環境も影響を受け続ける。この7つの質問を、折に触れて考え直し、ご自身の未来図と行動計画をアップデートしていただきたい。そして、実際に行動していただきたい。みんなが自分のビジョンを掲げ、デジタル環境にあって輝く各自のケイパビリティを発揮することで、自らのビジョンを自分たちの手でかなえていく社会、本書がこのゴールへの歩みに少しでも役立つことを祈念している。

6-2 あなたの未来図を作る7つの質問

Question 1 あなたの仕事に一番大きく影響する
変化は何ですか？

　まずは、自分の業務を取り巻く環境について、第四次産業革命を通じた変化を考えていただきたい。自分が属している社会に、自分が今働いている産業（業種）に、自分が所属している組織（会社全体では大きすぎる場合には、部門や事業部といった単位）に、デジタル化でどのような影響が起きるだろうか。現在中心的な役割を果たしている労働力は増えるだろうか、減るだろうか。現在人が判断していることはそのまま残るだろうか、それともAIに委ねられるようになるだろうか。AIを中心としたデジタル化が進んでいくことで花開く業種なのか、斜陽産業となるのか、あるいは重要性の変化は少ないのか。すると、その変化したデジタルの環境において、どのような労働力が求められるようになるだろうか。断言できることは少なくとも、体感している大きな時代の流れを自分なりの言葉にし、働き手に最も大きく影響しそうな変化を見つめることができれば、次に進んでいただきたい。

Question 2 | その変化で、あなたの仕事のビジョンは どうなるでしょうか？

　次に、Question1を通じて考えた将来の仕事は、どのようなビジョンを実現する仕事なのかを想像していただきたい。製品やサービスに求められる価値は、この先のデジタル化によってどのように変わるのだろうか。製品の機能がそのまま価値となるのか、それともコト消費と呼ばれるように製品を使用するコンテキストまで価値と見なされるのか。一つの製品で完結するのか、それとも他の製品と連動することを前提に価値が評価されるのか。自社サービスで閉じるのか、他社サービスとデータによって連携するのか。どの程度デジタル化が既に起きているかによって、変化の大きさは異なるだろう。製品やサービスを通じて、どのような人や組織の、どのような社会課題を解決していそうだろうか。ビジョンは、どのような産業なのかによって、ある程度は論理的に導くことができるが、最終的には自身が働くことを通じて実現し、貢献していきたい長期的な価値を思い描くことが重要である。

Question 3 | そのとき、あなたは仕事のミッションを どう設定しますか？

　では、あなたは仕事において、どのような役割を果たしたいのだろうか。ご自身が希望する働き方を考えていただきたい。Question2で思い描いた製品やサービスを提供するために、必要とされる労働力の在り方は単一ではなく、様々な種類のエキスパートが含まれるであろう。まずは、思い描いた将来の仕事環境には、どのようなエキスパートが活躍していそうかを想像してほしい。本書が紹介してきた、デジタル時代に求められる人の役割、様々な働き方のパターンを踏まえることで、エキスパートの姿は膨らむはずである。そうしたとき、自分がどのエキスパートを目指していきたいか、候補になるイメージはあっただろうか。もしも、どのエキスパートも魅力的に描くことができなかった場合には、Question1に戻って、違う分野に転職や起業した場合を想像し直してほしい。目指す姿を一つに決められない場合には、それは未来の自分の可能性が複数あると肯定的に考えることができるだろう。

**自分のミッションを実現するために
必要なケイパビリティは何ですか？**

　自分が目指すデジタル時代のエキスパートには、どのようなケイパビリティ
が必要だろうか。AIとの役割分担を思い出しながら、人に求められる分野に
関連したケイパビリティを検討するとよいだろう。どのエキスパートも、恐ら
く複数のケイパビリティを持っているだろう。複数のエキスパートを思い浮か
べた場合には、共通して求められるケイパビリティがないか検討してみると、
自分が重視しているケイパビリティが浮かび上がるかもしれない。

Question 5 | あなたは、どういう組織であれば ケイパビリティを発揮できますか？

　未来の自分が持ちたいケイパビリティが、すべて現在の自分に備わっているとしたら、あなたは類いまれな即戦力である。実際には、まだ習得していない種類のケイパビリティが含まれていたり、いくばくかは発揮できているがさらに高めたかったりするだろう。デジタル時代のケイパビリティ習得には、スキルアップとリスキルという2つの道があったことを思い出しながら、ケイパビリティを習得できそうな道筋を想像してほしい。コーチ役から習得する、お互いに切磋琢磨する、ワークショップなど外部で疑似経験を積むなど、習得の方法がイメージできたら、その習得手段が豊富そうな組織を考えてほしい。さらに、自律的なのか非自律的なのか、フラットなのかピラミッドなのかといった、自分がケイパビリティを発揮しやすそうな組織の特性を第5章で示した4つのパターンを参考に目星を付けてほしい。

Question 6 | そのためには、組織をどう変化させたらよいですか？

　あなたが将来働く場所が、現在と同じ組織だと仮定している場合には、現状の組織が、自身がエキスパートとしてケイパビリティを発揮できる理想的な組織へと変化するために必要な道筋を考えていただきたい。第5章で描いたデジタルトランスフォーメーションを成功するための4つのパターンが、そのままたたき台の案となるだろう。仮に、将来働く場所として現在とは異なる組織を思い浮かべている場合には、どのような組織へと転職すればよいのか、あるいはどのような組織を立ち上げればよいのかを考える場としていただきたい。さらに、あなたが経営者や経営企画部などのメンバーであれば、Question1および2に適した組織を考えることも求められるだろう。ただその場合、経営全般について組織変革を考える場合の道筋においては、人がデジタル時代にケイパビリティを発揮することに絞って組織改革を考える場合の道筋を大幅に拡張する必要があることに留意いただきたい。

Question 7 | 組織に変化を起こすためには、誰と何をすればよいでしょうか?

　デジタル化に合わせた変革は、個人で努力できる範囲はケイパビリティの習得の一部くらいであり、組織や社会としての対応が求められる要素が多くなる。最後に、目指す姿に至るまでのプロセスを組み立てていく際に、自分がどのように変革に関わっていくのか、誰と変革を進めていくのかを考えていただきたい。デジタルトランスフォーメーションの4パターンによって、推進の核となる人物像は異なってくるし、現場での関わり方も変わってくる。もし、現在の組織の中に思い当たる人物がいるならば、自分の思い描いた道筋を共有し、ブラッシュアップしながら共に歩み始めることができるだろう。もし、まだ思い当たる人物がいなければ、そうした人物を探すか、あるいはそうした人物がいそうな組織に転進するかを考えることになるだろう。

Special Thanks

足かけ5年に及ぶ活動でお会いしたすべての方々との交流や会話が本書を形作っており、本来はすべての方々にお礼を申し上げたい。以下で申し述べる方々は、ほんの一部である。

まず、野村総合研究所との共同研究をお受けいただいた3人の研究者には、我々の直感的な洞察が学問上ではどのような論点に位置づけられ、今まで蓄積された研究を踏まえてどのように発展させることができ、あるいは関連する論点との整合をどのようにとればよいのか、丁寧にご教示いただいた。いわば、その分野の基礎学習を疎かにした学生が、最先端のテーマに飛びついて自説を披露するようなものであったにもかかわらず、我々の仮説を生かすために多忙な研究の中で定期的に時間を割いてディスカッションしていただいたことに心から感謝し、またその分厚い知見に敬意を表したい。

3人の研究者とは、英国オックスフォード大学のMichael Osborne教授とHugh Whittaker教授、慶應義塾大学の大藪毅専任講師である。Michael Osborne教授には、日本における職業別の機械化可能性の共同研究以来、AIと共存する働き方について多くの示唆を頂戴してきた。Hugh Whittaker教授には、企業改革における学問上のセオリーを教示いただき、豊富なフィールドワークを裏付けとした日米欧の違いについて示唆いただいた。大藪毅専任講師には、個人の働き方と組織におけるHRM(Human Resource Management)の概念整理と理論的な将来展望を根気強くアドバイスいただき、グローバルでの議論と日本型雇用のすり合わせでも多大な気付きをいただいた。なお、本書が論理的に書かれているように見えるのは3人の研究者のご助力あってのことであるが、本書はお三方のチェックを受けたものではなく、残る誤解や不正確さは筆者ら研究チームのみに帰責する。

AIやHR Techなどを巡る海外の各種カンファレンスでは、登壇される研究者の方々にディスカッションを依頼し、大半の方々に快諾いただき貴重なフィードバックを頂戴した。また、米欧の大学に在籍する研究者の方々にも、カンファレンスの前後の限られた日程候補でディスカッションを申し込んだにもかかわらず、強い関心をもってスケジュールを調整いただき、時に予定を大幅に超えて議論に応じていただいた。中でも、マサチューセッツ工科大学(MIT)のDavid Autor教授、David Kiron教授およびJohn Reenen教授、ハーバード大学のFrank Dobbin教授から仮説に肯定的な意見をいただいたことは、手探りで進む我々にとって大きな励みとなった。

　グローバルで事業を展開する企業の日本拠点でHRを担当なさる方々を、AIと共存する未来の働き方を考えるワークショップにお招きできたことも大きい。多忙な業務を調整しながら4回に及ぶワークショップに積極的に参加いただいた、三菱商事グループのヒューマンリンク株式会社、日産自動車株式会社、アクサ生命保険株式会社、ジョンソン・エンド・ジョンソン株式会社の各位には、ダイバーシティー＆インクルージョンに関する取り組みや直面している課題を率直に教えていただくことで、多様な人材活用の姿および施策を知ることができた。

　また、AIと共存する未来、どのようにデジタルを活用し、多国籍のエキスパートとどのようにコレボレーションしていくかについて、豊富なアイデアを寄せていただいた。ワークショップ自体はコロナ禍以前に開催したものであったが、多国籍の人材とリモートでコラボレーションしている各社の実態と将来展望を議論していたため、現在においても有効なアイデアを多く蓄積することができた。第4章のシーンは、このワークショップにおける成果を出発点につくり上げたものである。

　一般社団法人 経済団体連合会や公益社団法人 経済同友会およびその地域組

織、また複数の業界団体には、経営者による勉強会や各種会合にたびたびお招きいただき、我々が構築途上であった仮説に対し、企業視点および経営者個人視点の両面から数多くのご意見を頂戴した。欧米のトランスフォーメーション成功企業各社には、キーパーソンへのインタビューを快諾いただき、トライアンドエラーの過程を含めて重要な経験をシェアいただいた。その他、野村総合研究所の通常業務の一環で行った個別ディスカッションを含めれば、その数は膨大であり社名をすべて列記することがかなわないことをお詫びしたい。しかし、いずれも非常に貴重な経営視点および現場視点からのフィードバックであり、第5章における分類と各分類において適した施策は、この生の声あってこそ実現したパッケージである。

　社団法人日本証券業協会が主催なさる中高教員向けのセミナーでの数度にわたる講演、独立行政法人労働政策研究・研修機構に設置された「職業情報提供サイト官民研究会」の委員を拝命して行った闊達な議論、日本司法書士会連合会が設置する司法書士総合研究所に客員研究員として加えていただき行った研究、公益社団法人 全国求人情報協会・認定NPO法人 キャリア権推進ネットワーク・東京都・社会人向けセミナーを主催なさる各社などからお招きいただいての数多くの講演を通じ、個人のケイパビリティおよび業務の在り方について知見を深める機会を数多く頂戴した。AI時代に向け、学校教育と生涯教育のエスカレーション、スキルアップおよびリスキルの機会を広げる仕組みづくりについて、最前線に立つ方々のご意見に基づく実践的なアイデアを蓄積できたのは、こうしたご厚意のたまものである。

　ケーススタディーの執筆に当たっては、関係者へのインタビュー結果を踏まえるとともに各種記事を参照している。Googleの事例においては『How Google Works（ハウ・グーグル・ワークス）私たちの働き方とマネジメント』（日本経済新聞出版、2014年、エリック・シュミット 著／ジョナサン・ローゼンバーグ 著／アラン・イーグル 著）、『世界最高のチーム　グーグル流「最少

の人数」で「最大の成果」を生み出す方法』(朝日新聞出版、2018年、ピョートル・フェリクス・グジバチ 著)を参考にした。ソニーの事例では、和田真司氏にインタビューをご協力いただいた。日米の雇用習慣や人材への考え方の違い、テクノロジーを活用した業務変革とそれに伴う組織と人材の姿という点で、非常に多くの示唆を頂戴した。

　S社の事例では、執筆メンバーが出席した欧州のイベントにおける講演資料、および講演者本人へのインタビューを通じて得られたエピソードを基に取りまとめた。イーライリリーの事例では、ステファン・バウアー氏とシモーネ・トムセン氏へのインタビューに加えて「Eli Lilly And Company: A Transformation Journey "On Equal Footing"」(IMD、J. R. Weeks & V. Keller-Birrer)を参照した。ドイツ銀行の事例では、研究チームのメンバーが出席したイベントである「Global Digital Transformation Strategy Summit」におけるボントレ・センネ氏の講演資料、ドイツ銀行のニュースリリース、およびご本人へのインタビューを通じて得られたエピソードを基に取りまとめた。多忙を極める中でインタビューに応じていただいた各位にお礼申し上げるとともに、文責はあくまで筆者らにあることを付言する。

　長期にわたる自主研究の意義を認め、共同研究・ワークショップ・海外インタビューなどの活動を組織としてサポートいただいた野村総合研究所の桑津浩太朗 未来創発センター長、木村靖夫室長 (当時)、中島済室長には感謝に堪えない。執筆チームが多方面のメディアに登場する都度、全面的にサポートいただいたコーポレート・コミュニケーション部の潘翠玲氏 (当時)をはじめとする面々にも厚くお礼申し上げる。

　遅筆を叱咤激励しつつ日経コンピュータおよび日経クロステックへの連載を完走へと導いていただいた日経BPの田中淳氏、連載原稿を元に書籍化すると称しつつ大幅に書き直して大幅にスケジュールを遅延させる執筆チームを辛抱

強く見守っていただいた日経BPの松山貴之氏には、ご迷惑のほどをお詫びするとともに、出版へのご尽力に深く感謝申し上げたい。

　最後に、執筆チームに種々に刺激を与えていただいたすべての皆様が、本書の生みの親である。皆様のサポートにお礼申し上げる。

筆者紹介

上田 恵陶奈（うえだ えとな）

野村総合研究所 未来創発センター 2030年研究室 兼 ICT メディアコンサルティング部 上級コンサルタント（執筆当時）
東京大学法学部卒、英・エセックス大学政治経済学修士。AI、決済、デジタルトランスフォーメーションなどの領域における戦略の構築・実行支援、および政策立案に従事。AIと共存する未来を提言し、オックスフォード大との共同研究を実施。金融法学会会員、情報ネットワーク法学会会員。著書に『誰が日本の労働力を支えるのか？』（共著）。

　日本はまだまだすごい、古き良き時代を忘れるな、そういう情緒的な言説を見るたび、違和感が積み重なった。デジタル化による第四次産業革命は、産業構造から働き手のケイパビリティまでを非連続に変えるのであって、連続的な変化を起こすカイゼンは通用しない。なぜ構造的な変化を直視しないのか。しばらくして、直視しても従来の横並び主義や先例主義が通用せず、アプローチの選択段階で立ちすくむ企業が多いことに気付いた。

　同様に、個人が誇るケイパビリティも変わる中で、デジタル人材、データサイエンティストという薄っぺらい流行に辟易（へきえき）していた。かたや、グローバルのAI関連カンファレンスでは時代と共に理系技術者の独壇場から、社会学者・哲学者・経済学者といった人文系が半分を占める場へと変わっていった。ここでもまた、STEM・STEAM、非認知スキルというキーワードは並ぶものの、特に社会人向けの方法論が欠如している点に課題があると気付いた。イノベーション人材という雲の上のような理想的な人材を求めても、大多数を占める普通の人々は無力感を募らせてしまう。

　故に、組織の改革も、個人の成長も、骨太の方法論を語ろうと決意した。ビ

ジョンや夢を抱いて未来に挑戦する、それを青臭い夢と嗤わず、デジタル時代の可能性と謳った。その手段を見つける方法論を書きたい。かつて、英知は結集するものだった。これからは、異才が集って刺激し合うことで1人では達し得なかった思考を生み出すのだと確信している。「これしかない」という欺瞞に陥らない分析を展開し、納得して歩んでいける道を示そうと豊富な刺激を受けて考え抜いた結果がここに結実している。この本が皆さんを刺激し、さらに新しい思考を生む一助となることを願っている。

岸 浩稔（きし ひろとし）

野村総合研究所　ICTメディアコンサルティング部　上級コンサルタント
東京大学大学院工学系研究科社会基盤学専攻 博士課程修了。博士（工学）。テレコム・メディア領域を中心にテクノロジー起点のイノベーション創出に係る事業戦略・実行支援に従事。「49％の労働人口がAI・ロボットによって技術的に代替可能」の研究を担当し、テクノロジーが及ぼす未来像の洞察、DX時代の人材と組織の姿の検討を進めている。著書に『誰が日本の労働力を支えるのか？』（共著）。

　仕事の半分がAIで置き換えられるなら、さっさと置き換えてしまえばよい。振り返ってみれば誰かに任せたい面倒な仕事はあふれている。自由闊達でイノベーティブなアイデアがあふれるGoogleやAmazon.comのような組織になれるならばそうすればよい。現状に不満を言う人はたくさんいる。しかし現実は簡単ではない。コンサルタントとして、企業が戦略を立てそれを実行する一連の活動に伴走する中で、組織を変えて動かすことはとても単純でないことは体感している。人と人が関わる組織だからこそ、難しいことがあり、逆にうまくいけば喜びがある。

　ある先生は「AIは蜃気楼のようなものだ」と言っていた。どこまで近づいて

ももやっとしていてよく分からないもので、いつの時代も、少し先の何かすごそうなものをAIと呼ぶ。きっと、10年先にもAIという言葉は存在していて、何かが起こりそうなものとして語られていると思う。ただ今この時代は、AIをきっかけに組織の文化と仕事の中身を変えることができる絶好の機会であり、実際に世界は変わってきている。

　問題は、AIで仕事が変わっていくように、組織の変わる姿もこの先どうなるかはよく分からなくて、なんとなく見えているようでもやっとしている、まさに蜃気楼、言い換えれば暗中模索だということである。本書の結論は、目指す姿は組織によって違い、それは組織が自分で見つけなければならないということだった。組織は人でできており、人は千差万別、個性があり多様である。人と人が関わる組織だからこそ、その組織なりの色を少しずつ付けていけば、きっと未来は拓けるのだと思う。

光谷 好貴（こうたに よしき）
野村総合研究所　ICTメディアコンサルティング部　上級コンサルタント
北海道大学文学部卒。通信、デジタル製造業や3Dプリンター、決済、AIなど、入社以来一貫して先端ICT領域に携わり、ICTベンダー、ユーザー双方における事業戦略立案、マーケティング戦略立案、新規事業開発、政策立案、実行支援などに従事。著書に『ITナビゲーター』(共著)。

　AIに仕事を奪われるという言説が今でも聞かれるように、仕事のやり方が変化するということはとかく忌避されがちであり、デジタル化という潮流に関してもポジティブなイメージだけを持っている人は少数であろう。しかし逆に考えれば、AIが人でなくとも実行可能な仕事を担い、人は人でしかできない仕事を担うという流れは、人が人らしく働くということへの回帰でもあるので

はないだろうか。

　もちろん人には向き不向きがあり、誰もがクリエーティビティーを発揮したいと思っているわけではないだろう。しかしただひたすらにExcelの処理を回したり、粛々と事務手続きを進めたりしているときに、漠然とした虚しさを感じたことがある人は少なからずいるのではないだろうか。すべての人が創造的に働きたいと思っているわけではないにしても、創造的に働くことで生き生きできるはずの人が、非人間的労働に閉じ込められているケースもまた否定できないのである。そして創造的な働き方の楽しさ自体を知らない人も、実は多いのではないだろうかと思われる。

　今、人が行っている業務をAIが代替すること自体は事実であり、止められない潮流である。しかし、これを「AIが仕事を奪う」と捉えるのか、それとも「創造的でない仕事から人が解放される」と捉えるのかはあなた次第だ。我々は「自分でなくともできる」と思っている仕事にやりがいを見いだすのは難しい。そしてAIが担当するのはまさに「あなたでなくともできる」、マニュアル化可能な仕事なのである。幸いなことに、AIは現在のところ反乱を起こす気配はないし、命の選別を行ったりすることもない。安心してAIをこき使いながら「あなたにしかできない仕事」を追求できる、ある意味で人類の歴史においてまたとない機会であると捉えてみるのも一興ではないだろうか。

小野寺 萌（おのでら もえ）
野村総合研究所　ICTメディアコンサルティング部　副主任コンサルタント
カリフォルニア大学サンディエゴ校社会学部卒。消費財・ICT・デジタルトランスフォーメーション領域を中心にテクノロジー起点のイノベーション創出に係る事業戦略・実行支援、および政策立案に従事。著書に『ITナビゲーター』（共著）。

いまやテクノロジーを積極的に導入して業務を効率化・モジュール化し、もともと業務を担っていた従業員を別の業務にあてがう、または十分なケイパビリティがない従業員を解雇していくことは、企業トップとしては当然の意思決定と判断される時代となりつつある。コロナのパンデミックはその潮流を後押しした歴史上の出来事と言えるだろう。この出来事により、企業は自社が抱える従業員を人らしいサービスや業務に充て顧客向かいのサービスを向上していくことが、従業員の満足度および顧客の満足度にもつながることを強く認識するようになったと推察する。

　そのような時代に、私たちは働くものとしてテクノロジーに仕事を奪われないケイパビリティを考え続け、アップデートすることが求められる。実際のところ、どのようなサービスが今後デジタルになると便利なのか、どのようなサービスであれば人を通じて提供されると心地がよいと感じるのか、一人のデジタルネイティブのユーザーとして考えてみていただくことで、自らのキャリアの進むべき道や身に付けておくべきケイパビリティが見えてくるかもしれない。

　バブルがはじける前後で産まれ、青春時代と社会人生活が「失われた20年」の真っ只中で生きてきたアラサー世代の私たちは、「今は耐え忍んで希望ある未来に向けて頑張る」という気持ちで励んできたと思う。AI時代が確実にやってくる中で、どうにかして失われた時代をブレークスルーし、うまくデジタルを使いこなしてイノベーションを起こし、世界で対等に戦える人材になることが必要だ。波に乗り遅れないためには、AI時代に必要なケイパビリティを身に付け、未来を見据えたうえでキャリアを考えていく。ブレークスルーするには、「今」が一番大事なタイミングではないだろうか。

デジタル未来にどう変わるか？

AIと共存する個人と組織

2021年9月13日　第1版第1刷発行	著　　　者	上田 恵陶奈、岸 浩稔、
		光谷 好貴、小野寺 萌
	発 行 者	吉田 琢也
	発　　　行	日経BP
	発　　　売	日経BPマーケティング
		〒105-8308
		東京都港区虎ノ門4-3-12
	装　　　丁	bookwall
	制　　　作	マップス
	編　　　集	松山 貴之
	印刷・製本	図書印刷

Printed in Japan
ISBN978-4-296-10991-3